Nuh Düger

Kleine Kosten, große Wirkung

Chancen und Risiken von Guerilla-Marketing für Start-Ups

Bibliografische Information der Deutschen Nationalbibliothek:

Die Deutsche Nationalbibliothek verzeichnet diese Publikation in der Deutschen Nationalbibliografie; detaillierte bibliografische Daten sind im Internet über http://dnb.d-nb.de abrufbar.

Impressum:

Copyright © Studylab 2018

Ein Imprint der Open Publishing GmbH, München

Druck und Bindung: Books on Demand GmbH, Norderstedt, Germany

Coverbild: Open Publishing GmbH | Freepik.com | Flaticon.com | ei8htz

Inhaltsverzeichnis

Abkürzungsverzeichnis

KMU   Kleine und mittlere Unternehmen

LSD   Low-Cost-, Surprise- und Diffusion

TTIP   Transatlantische Handels- und Investitionspartnerschaft

Abbildungsverzeichnis

1 Einleitung

1.1 Problemstellung und Zielsetzung

„Angesichts der hohen Wettbewerbsintensität und Dynamik der Marktentwicklung, gesättigter und fragmentierter Märkte, eines sich schnell wandelnden, hybriden Konsumverhaltens sowie einer zunehmenden Internationalisierung wird es für Unternehmen zukünftig immer schwieriger, sich am Markt zu behaupten."[1] Dieser Umstand stellt grundsätzlich alle Unternehmen bei der Erreichung ihrer Ziele vor Herausforderungen. Besonders problematisch gestaltet der Markt für Start-ups und kleine und mittlere Unternehmen (KMU). Um sich von der Konkurrenz abzuheben und Konsumenten auf die angebotenen Produkte und Dienstleistungen aufmerksam zu machen, bedarf es in der Regel hoher Marketingausgaben. Nicht selten fehlt kleineren und jungen Unternehmen das hierzu benötigte Kapital. Großunternehmen haben hingegen den Vorteil, dass sie meist schon längere Zeit am Markt etabliert sind. Darüber hinaus verfügen sie über größere finanzielle Ressourcen, die sie zum Beispiel im Zuge ihrer Kommunikationspolitik einsetzen. Somit wird es für benannte schwächere „Unternehmen zunehmend wichtiger, über eine effektive und effiziente Kommunikationsarbeit Wettbewerbsvorteile im Markt zu realisieren und dauerhaft zu halten."[2]

Eine weitere Herausforderung stellt die gegenwärtige Informationsflut beziehungsweise Werbeflut dar. Die Zahl der Werbebotschaften, mit denen Konsumenten täglich konfrontiert werden, beläuft sich mittlerweile auf 2.500 bis 5.000.[3] Weitere Quellen beziffern diesen Wert auf 6.000[4] oder 13.000[5] Botschaften. Es erscheint daher nicht verwunderlich, dass nicht alle Werbebotschaften von Rezipienten aufgenommen werden können, sondern diese eher versuchen, sich der permanenten Werbeflut zu entziehen.[6] Der Eintritt einer sogenannten Reaktanz und Werbeblindheit ist die Folge.

---

[1] *Bruhn, M.*, Marketing, 2016, S. 13.

[2] *Bruhn, M.*, Kommunikationspolitik, 2009, S. 1.

[3] Vgl. *Czech, C.*, Guerilla-Marketing, 2011, S. 17.

[4] Vgl. *o. V.*, 6.000 Werbekontakte pro Tag, 2004, o. S.

[5] Vgl. *o. V.*, Über 13.000 Werbebotschaften täglich, 2013, o. S.

[6] Vgl. *Czech, C.*, Guerilla-Marketing, 2011, S. 17; *Patalas, T.*, Guerilla Marketing, 2006, S. 43.

Deshalb müssen sich Unternehmen im Wettbewerb um Kunden mit alternativen beziehungsweise modernen Kommunikationsmaßnahmen auseinandersetzen. In diesem Zuge rückt das Thema Guerilla-Marketing in den Fokus. Die Idee hinter dem Guerilla-Marketing ist, klassische Ziele mit unkonventionellen Maßnahmen zu erreichen.[7] Dabei steht im Vordergrund, dass unter Einsatz eines geringen Budgets eine möglichst große Aufmerksamkeit erzielt wird.[8]

Die Zielsetzung der vorliegenden Bachelor-Thesis ist, zunächst ein grundlegendes Verständnis des Themas Guerilla-Marketing zu vermitteln. In diesem Zuge werden die Prinzipien und Instrumente des Guerilla-Marketings aus theoretischer Seite erörtert und anschließend mit realen Beispielen aus der Praxis verdeutlicht.

Daraufhin soll die Arbeit eine Antwort auf folgende Kernfrage geben: Welche konkreten Chancen und Risiken ergeben sich durch die Anwendung des Guerilla-Marketings für Start-ups und KMU?

1.2 Aufbau der Arbeit

Im folgenden zweiten Kapitel werden zunächst die Grundlagen des Guerilla-Marketings erläutert. Nach einem Einblick in die historische Entwicklung und in die Begriffsherkunft werden Definitionsvorschläge aus unterschiedlichen Guerilla-Marketing-Werken zur Diskussion herangezogen. Weiterhin erfolgt eine Einordnung des Guerilla-Marketings in den Marketing-Mix und anschließend eine Beschreibung des Effizienzproblems der klassischen Werbung. Das Kapitel endet mit der Darstellung der Effekte des Guerilla-Marketings.

Im dritten Kapitel werden die verschiedenen Prinzipien und Instrumente des Guerilla-Marketings dargestellt. Hierbei liegt das Augenmerk neben der theoretischen Erläuterung auf der Aufführung von Beispielen, die in der Praxis von Unternehmen erfolgreich umgesetzt wurden. An dieser Stelle wird darauf hingewiesen, dass für die Vorstellung von möglichst aktuellen Praxisbeispielen auf Internetquellen zurückgegriffen werden muss, obwohl es sich dabei zum Teil um flüchtige beziehungsweise nicht wissenschaftliche Quellen handelt. Ansonsten entspricht die Arbeit den Standards und Regularien des wissenschaftlichen Arbeitens.

---

[7] Vgl. *Förster, A., Kreuz, P.*, Marketing-Trends, 2006, S. 50.

[8] Vgl. *Krieger, K. H.*, Guerilla Marketing, 2012, S. 15.

In Kapitel vier wird das Guerilla-Marketing im Hinblick auf seine Anwendung in Start-ups und KMU untersucht und stellt somit den eigentlichen Kern der Arbeit dar. Hierfür wird zunächst eine Abgrenzung von Start-ups und KMU zu Großunternehmen vorgenommen, wobei die Unterschiede hinsichtlich der Anwendung deutlich werden. Daraufhin erfolgt eine Erörterung der Notwendigkeit des strategischen Vorgehens. Schließlich wird eine Analyse der Chancen und Risiken durchgeführt, die sich aus den zuvor beschriebenen Instrumenten ableiten lassen und die sich beim Einsatz des Guerilla-Marketings ergeben.

Die Thesis endet mit der Schlussbetrachtung in Kapitel fünf. Darin werden die Ergebnisse zusammengefasst und ein Ausblick gegeben.

2 Grundlagen

2.1 Begriffsherkunft und historische Entwicklung

Der Begriff ‚Guerilla' (ursprünglich: ‚Guerrilla') stammt aus dem Spanischen und ist die Verkleinerungsform des Wortes ‚guerra', welches Krieg bedeutet. Demzufolge kann Guerilla als Partisanenkampf oder Kleinkrieg übersetzt werden. In der Geschichte wurde der Kleinkrieg von zahlen- und ausstattungsmäßig unterlegenen Guerilla-Kriegern angewandt. Sie vermieden den offenen Feldkampf und kämpften auf unkonventionelle Art gegen eine militärisch überlegene Besetzungsmacht an.[9] Durch unerwartete Angriffe aus dem Hinterhalt sollten die Gegner überrascht und kampfunfähig gemacht werden. Geprägt wurde die Guerilla-Taktik durch den Widerstandskämpfer und Revolutionär Ernesto ‚Che' Guevara während der kubanischen Revolution in den 1950er-Jahren.[10] In seinem Werk *Guerrilla Warfare* bezeichnet er die taktische Flexibilität von Guerilla-Kriegern und den Einsatz von Überraschungsmomenten als Schlüsselelemente der Guerilla-Taktik und definiert den Sieg über den Feind als das ultimative Ziel.[11]

Diese Kernidee der Guerilla-Taktik wurde in den 1960er-Jahren durch amerikanische Forscher auf das Marketing übertragen, und es entstand der Terminus Guerilla-Marketing.[12] Die darauffolgende Entwicklungsgeschichte lässt sich in vier Phasen unterteilen:[13]

1. Adaption:

Nach erwähnter Adaption in den 1960er-Jahren wurde zunächst der Guerilla-Ansatz hauptsächlich von KMU angewandt, um damit gezielt die übermächtige Konkurrenz anzugreifen. Die dahinterstehende Leitidee war, mit einem kleinen Budget eine schnelle Wirkung zu erzielen.

2. Boom:

In den 1980er-Jahren wurde die Bezeichnung Guerilla-Marketing durch die Autoren Levinson sowie Ries und Trout etabliert, die allgemein als Pioniere des Gueril-

---

9   Vgl. *Kochhan, C. et al.*, Ambient-Marketing, 2017, S. 32.

10   Vgl. *Tropp, J.*, Moderne Marketing-Kommunikation, 2011, S. 502.

11   Vgl. *Guevara, E.*, Guerrilla Warfare, 1961, S. 4 ff.

12   Vgl. *Hutter, K., Hoffmann, S.*, Professionelles Guerilla-Marketing, 2013, S. 12.

13   Vgl. *Hutter, K., Hoffmann, S.*, Professionelles Guerilla-Marketing, 2013, S. 14 ff.

la-Marketings gelten. Vor allem Levinson publizierte in dieser Phase eine Vielzahl von Büchern, in denen er sich des Themas Guerilla-Marketing als geeignete und kostengünstige Strategie für KMU annahm. Die Leitidee war, mit kleinem Budget eine große Wirkung zu erzielen und somit die Effizienz der Kommunikationsmaßnahmen zu steigern.

3. Differenzierung:

In den 1990er-Jahren wurden erstmals unterschiedliche Instrumente entwickelt, die auf dem Kerngedanken des Guerilla-Marketings aufbauen. Zum Beispiel das Ambush-, Buzz- oder Ambient-Marketing. Diese sind gegenwärtig noch immer aktuell (detaillierte Erläuterung in Kapitel 3). Die Leitidee dieser Phase war, durch die Flexibilität, Effizienz und Originalität der neuen Konzepte bei Rezipienten Überraschungs- und Diffusionseffekte auszulösen.

4. Strategie:

Hierbei handelt es sich um die Phase seit den 2000er-Jahren, die bis heute anhält. Sie ist geprägt davon, dass inzwischen auch Großunternehmen alternative Kommunikationsformen wie das Guerilla-Marketing einsetzen. In der Anfangsphase hingegen wurde es bevorzugt von KMU genutzt und noch ohne theoretisches Konzept eingesetzt. Heutzutage verstehen Unternehmen den Guerilla-Ansatz als Strategie und setzen auf eine planmäßige, systematische und konzeptionelle Integration. Eine Auffassung, die der Leitidee dieser Phase entspricht.

2.2 Definition des Guerilla-Marketings

Im Laufe der Entwicklung des Guerilla-Marketings haben sich zahlreiche Autoren mit dem Thema befasst und unterschiedliche Definitionen vorgelegt. Dennoch oder gerade deshalb existiert bis heute keine einheitliche Definition.[14]

Eine Definition stammt von bereits erwähntem Autor Levinson, dessen erstes Buch in 37 Sprachen übersetzt und über eine Million Mal verkauft wurde.[15] Er definiert das Guerilla-Marketing wie folgt: „Guerilla Marketing is a body of unconventional ways of pursuing conventional goals. It is a proven method of achieving

---

[14] Vgl. *Hutter, K., Hoffmann, S.,* Professionelles Guerilla-Marketing, 2013, S. 12; *Krieger, K. H.,* Guerilla Marketing, 2012, S. 13.

[15] Vgl. *Zerr, K.,* Guerilla-Marketing, 2005, S. 466.

profits with minimum money."[16] Übersetzt bedeutet dies, dass es sich beim Guerilla-Marketing um eine Marketingmethode handelt, die unter Einsatz von unkonventionellen Methoden und minimalem Budget einen großen Erfolg verspricht.

Die Auffassung von Levinson deckt sich auch mit den Definitionen anderer Autoren von Guerilla-Marketing-Werken (zum Beispiel Hutter und Hoffmann 2014, Krieger 2012 und Schulte 2007). Diese sind sich dahingehend einig, dass das Guerilla-Marketing Instrumente umfasst, mit denen sich unkonventionell und alternativ zur klassischen Werbung eine Vielzahl von Personen erreichen lässt beziehungsweise mit denen große Aufmerksamkeit geweckt werden kann.

Deutliche Unterschiede in den Auffassungen zeigen sich, wenn Guerilla-Marketing-Werke mit Marketing-Standardwerken (zum Beispiel *Grundlagen des Marketing*, Kotler et al. 2007) verglichen werden. Kotler ist der Auffassung, dass Guerilla-Marketing-Kampagnen das Ziel verfolgen, finanziell überlegenen Gegnern zu schaden, um deren Marktanteile zu übernehmen.[17] Im Laufe der Arbeit wird jedoch deutlich werden, dass dies weder das primäre Ziel des Guerilla-Marketings ist noch im Zuge aller Guerilla-Maßnahmen angestrebt wird. Somit muss bereits an dieser Stelle genannter Auffassung zum Teil widersprochen werden.

Darüber hinaus existieren Werke, in denen das Guerilla-Marketing nicht als umfassendes Konzept betrachtet wird, sondern in denen lediglich einzelne Instrumente beschrieben werden, obwohl diese dem Guerilla-Marketing zuzuordnen sind.[18] So zum Beispiel das Werk *Viral Marketing*, Langner 2005, in dem keiner Stelle der Terminus Guerilla-Marketing verwendet wird, oder *Erfolgsfaktoren des Ambush-Marketing*, Eschenbach 2011, in dem sogar die Meinung vertreten wird, dass es sich bei Guerilla-Marketing und bei Ambush-Marketing um zwei sehr unterschiedliche Kommunikationsstrategien handelt.[19]

Einen passenden und zeitgemäßen Definitionsvorschlag unterbreiten die Autoren Hutter und Hoffmann: „Guerilla-Marketing umfasst verschiedene kommunikationspolitische Instrumente, die darauf abzielen, mit vergleichsweise geringen Kosten bei einer möglichst großen Anzahl von Personen einen Überraschungseffekt

---

[16] *Levinson, J. C.* zitiert in: *Risch-Kerst, M.*, Ambush Marketing, 2016, S. 57 f.

[17] Vgl. *Hutter, K., Hoffmann, S.*, Professionelles Guerilla-Marketing, 2013, S. 14.

[18] Vgl. *Hutter, K., Hoffmann, S.*, Professionelles Guerilla-Marketing, 2013, S. 14.

[19] Vgl. *Eschenbach, F.*, Ambush-Marketing, 2011, S. 17 f.

zu erreichen, um so einen sehr hohen Guerilla-Effekt (Verhältnis von Werbenutzen und -kosten) zu erzielen."[20] Diese Definition wird dieser Bachelorarbeit zugrunde gelegt.

2.3 Einordnung des Guerilla-Marketings in den Marketing-Mix

Bei entfernter Betrachtung des Guerilla-Marketings erscheint es naheliegend, es ausschließlich in den Bereich der Kommunikationspolitik (**Promotion**) zuzuordnen. De facto kann das Guerilla-Marketing auch innerhalb der Preispolitik (**Price**), der Produktpolitik (**Product**) und der Distributionspolitik (**Promotion**) stattfinden.[21] Der Literatur sind in diesem Zusammenhang die Bezeichnungen Guerilla-Pricing, Guerilla-Producting und Guerilla-Distributing zu entnehmen.[22]

Um eine Antwort auf die Frage zu finden, welcher der Politiken das Guerilla-Marketing primär zuzuordnen ist, haben Hutter und Hoffmann mit zehn Marketing-Managern deutscher Unternehmen Expertenumfragen durchgeführt. Das Ergebnis zeigt, dass die Mehrzahl der Guerilla-Marketing-Maßnahmen der Kommunikationspolitik zugeordnet wird.[23] Eine systematische Analyse von Schulte und Pradel bestätigt diese Erkenntnis. Demnach sind 70 Prozent aller Guerilla-Maßnahmen dem kommunikationspolitischen Segment zuzuordnen. Die übrigen 30 Prozent werden gleichmäßig auf Preis-, Produkt- und Distributionspolitik aufgeteilt.[24]

Innerhalb der Kommunikationspolitik lassen sich die Maßnahmen in ‚alte' und ‚neue' oder auch in ‚klassische' und ‚nicht klassische' Kommunikationsinstrumente unterteilen. In Fachkreisen und in der einschlägigen Literatur hat sich die Unterteilung in ‚Above-the-line'-Instrumente und ‚Below-the-line'-Instrumente durchgesetzt.[25] Above-the-line-Maßnahmen sind für Rezipienten als offensichtliche Werbemaßnahmen zu erkennen.[26] Sie sind trotz partieller Effizienzprobleme

---

[20] *Hutter, K., Hoffmann, S.,* Professionelles Guerilla-Marketing, 2013, S. 14.

[21] Vgl. *Czech, C.,* Guerilla-Marketing, 2011, S. 12; *Hutter, K., Hoffmann, S.,* Professionelles Guerilla-Marketing, 2013, S. 11.

[22] Vgl. *Förster, A., Kreuz, P.,* Marketing-Trends, 2006, S. 51 f.; *Reischl, A.,* Stellenwert von Guerilla Marketing; 2009, S. 56 ff.; *Schulte, T.,* Guerilla Marketing, 2007, S. 20 ff.

[23] Vgl. *Hutter, K., Hoffmann, S.,* Professionelles Guerilla-Marketing, 2013, S. 11.

[24] Vgl. *Schulte, T.,* Guerilla Marketing, 2007, S. 20.

[25] Vgl. *Risch-Kerst, M.,* Ambush Marketing, 2016, S. 54.

[26] Vgl. *Hutter, K., Hoffmann, S.,* Professionelles Guerilla-Marketing, 2013, S. 11.

(nähere Erläuterung in Abschnitt 2.4) nach wie vor ein wichtiger Bestandteil des Marketing-Mix von Unternehmen. Als Beispiele hierfür können TV-Werbung, Funkwerbung und Werbung in Printmedien genannt werden. Below-the-line-Maßnahmen hingegen treten oftmals nicht als Werbemaßnahmen in Erscheinung und werden von Konsumenten auch nicht als solche wahrgenommen,[27] sogar wenn sie in eine Maßnahme involviert sind. Beispiele hierfür sind Sponsorings, Events oder das hier relevante Guerilla-Marketing.[28]

2.4 Das Effizienzproblem der klassischen Werbung

„Die Reizüberflutung der Konsumenten hat ein prominentes Opfer gefunden. Klassische Werbung wird zunehmend ineffizienter."[29] Wie bereits in der Problemstellung angedeutet, wird der klassischen beziehungsweise konventionellen Werbung ein Effizienzproblem bescheinigt.

Zum einen lässt sich die nachlassende Effizienz von klassischer Werbung durch die Vielzahl von Informationsangeboten in Medien begründen. Sie führt dazu, dass 98 Prozent aller in Deutschland zur Verfügung gestellten Informationen nicht beachtet werden. Im Umkehrschluss bedeutet dies, dass lediglich zwei Prozent der Botschaften die Chance erhalten Rezipienten zu erreichen.[30] Die zunehmend geringere Beachtung konventioneller Werbung führt Krieger zum anderen auf gesellschaftliche Trends beziehungsweise auf eine Veränderung des Verhaltens der Gesellschaft zurück. Als Beispiele nennt er unter anderem eine veränderte Mediennutzung, fehlende Aufmerksamkeit, Informationsüberschuss und eine erhöhte Mobilität der Konsumenten.[31]

Hutter und Hoffmann betiteln das Problem der klassischen Werbung als ‚Aufmerksamkeitsdilemma'. Demnach führt die Vielzahl der angebotenen Produkte verschiedener Anbieter zu einer Homogenität im Angebot, was zu Wettbewerbsdruck und gleichermaßen zu einem höheren Werbedruck führt. Dies wiederum resultiert in einer steigenden Anzahl der Werbebotschaften. Die Folgen sind ein

---

[27] Vgl. *Hutter, K., Hoffmann, S.*, Professionelles Guerilla-Marketing, 2013, S. 11.

[28] Vgl. *Hutter, K., Hoffmann, S.*, Professionelles Guerilla-Marketing, 2013, S. 12; *Krieger, K. H.*, Guerilla Marketing, 2012, S. 216.

[29] *Langner, S.*, Viral Marketing, 2005, S. 17.

[30] Vgl. *Kroeber-Riel, W., Esch, F.*, Strategie und Technik der Werbung, 2004, S. 16.

[31] Vgl. *Krieger, K. H.*, Guerilla Marketing, 2012, S. 3.

sogenannter Wear-out-Effekt, ein Information Overload, eine homogene Kommunikation und die Reaktanz der Rezipienten – und als Ergebnis eine insgesamt nachlassende Werbeeffizienz.[32] All dies führt zur Notwendigkeit der Auseinandersetzung mit alternativen Kommunikationsmaßnahmen.

Es ist wichtig hervorzuheben, dass die aufgeführte Kritik nicht die Daseinsberechtigung konventioneller Werbung in Frage stellen soll. Es soll lediglich betont werden, in welchem Ausmaß klassische Werbemaßnahmen ihre Vormachtstellung eingebüßt haben. Guerilla-Marketing-Maßnahmen können die konventionelle Werbung nicht ablösen oder ersetzen, sondern sind als ergänzende und unterstützende Maßnahmen anzusehen.[33]

2.5 Die Effekte des Guerilla-Marketings

Um das Guerilla-Marketing zu beschreiben, wird in der Literatur eine Vielzahl von Attributen genutzt. So zum Beispiel effizient, günstig, unkonventionell, spektakulär und ansteckend. Für eine Definition der Effekte beziehungsweise des Guerilla-Effekts, greifen Hutter und Hoffmann benannte Attribute auf und reduzieren sie auf die drei Kernelemente Kostengünstigkeit, Überraschung und Diffusion. Diese werden in Form eines Drei-Effekte-Modells verwirklicht und wird von den Autoren als das LSD-Modell bezeichnet. Dabei stehen die Buchstaben LSD für die drei Teil-Effekte in der englischen Sprache (**L**ow-Cost-, **S**urprise- und **D**iffusion-Effekt).[34] Siehe Abbildung 1.

---

[32] Vgl. *Hutter, K., Hoffmann, S.*, Professionelles Guerilla-Marketing, 2013, S. 6.

[33] Vgl. *Schulte, T., Pradel, M.*, Guerilla Marketing, 2006, S. 22; *Levinson, J. C.*, Guerilla Marketing Offensives Werben und Verkaufen, 1992, S. 12.

[34] Vgl. *Hutter, K., Hoffmann, S.*, Professionelles Guerilla-Marketing, 2013, S. 35 f.

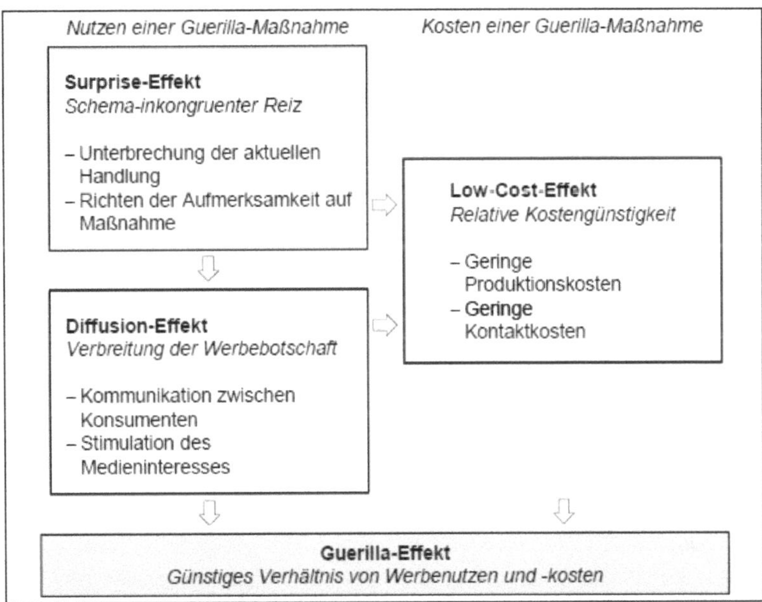

Abbildung 1: LSD-Modell des Guerilla-Marketings

Quelle: *Hutter, K., Hoffmann, S.*, Professionelles Guerilla-Marketing, 2013, S. 36.

Nachfolgend werden die einzelnen Effekte beschrieben:[35]

- Der Low-Cost-Effekt entsteht durch die relative Kostengünstigkeit einer Guerilla-Marketing-Maßnahme. Hierbei ist der Begriff ‚relativ' besonders hervorzuheben. Denn es geht nicht zwangsweise darum, die absoluten Kosten der Maßnahme gering zu halten. Die Höhe der Kosten ist für den Low-Cost-Effekt zumindest theoretisch irrelevant. Das Ziel ist, Entwicklungskosten, Produktionskosten und die Kosten für die Verbreitung der Werbebotschaft vergleichsweise gering zu halten, sodass im Vergleich zu klassischen Maßnahmen mehr erreicht wird.

- Für die Erzielung des Surprise-Effekts ist die Überraschung der Rezipienten das Schlüsselelement. Ein Surprise-Effekt entsteht, wenn Konsumenten mit einer Neuartigkeit konfrontiert werden, die bei ihnen einen noch nie erfahrenen Reiz auslöst. Aufgrund des unkonventionellen Charakters von

---

[35] Vgl. *Hutter, K., Hoffmann, S.*, Professionelles Guerilla-Marketing, 2013, S. 37 ff.

Guerilla-Maßnahmen lassen sich Rezipienten überraschen, wodurch ihre Aufmerksamkeit auf die Botschaft gelenkt wird.

- Der Diffusions-Effekt beschreibt, dass die Werbebotschaft einer Guerilla-Aktion von Konsumenten oder auch Medien aufgrund von Interesse, Überraschung und/oder Begeisterung freiwillig und kostenlos weiterverbreitet wird. Damit lässt sich eine große Zahl Kontaktpersonen erreichen und somit die Reichweite einer Aktion deutlich erhöhen.

Das Zusammenspiel der beschriebenen drei Effekte führt zum Eintritt des eigentlichen Guerilla-Effekts. Allerdings müssen nicht bei jeder Guerilla-Marketing-Maßnahme alle Effekte gleichermaßen auftreten.[36] Das Erreichen des Guerilla-Effekts (Verhältnis von Werbenutzen und -kosten) erfolgt mittels Einsatz von Guerilla-Marketing-Instrumenten, die im nächsten Kapitel erläutert werden

---

[36] Vgl. *Hutter, K., Hoffmann, S.*, Professionelles Guerilla-Marketing, 2013, S. 36.

3 Instrumente des Guerilla-Marketings und Beispiele aus der Praxis

Eine Klassifizierung der Guerilla-Marketing-Instrumente gestaltet sich ähnlich schwierig wie die Definition des Guerilla-Marketings in Abschnitt 2.2. Auch hierbei werden in der Fachliteratur unterschiedliche Meinungen vertreten, was sich in Anzahl, Einteilung und Abgrenzung der Instrumente widerspiegelt.

Die Autoren Schulte und Pradel differenzieren die Instrumente in die vier Bereiche Low-Budget-Marketing, Online-Guerilla-Marketing, Offline-Guerilla-Marketing und strategisches Guerilla-Marketing.[37] Krieger benennt sieben Instrumente und unterteilt diese in Online-Instrumente (Viral Marketing und Social Media Marketing) und Offline-Instrumente (Sensation Marketing, Ambient Marketing, Street Marketing, Buzz Marketing und Ambush Marketing) im Out-of-Home-Bereich.[38]

Diesen Ansichten muss teilweise widersprochen werden. Eine grundsätzliche Unterscheidung nach Online- und Offline-Instrumenten ist als nicht mehr zeitgemäß anzusehen. Im Laufe des Kapitels wird deutlich werden, dass zum einen die Grenzen fließend sind und dass zum anderen das Internet für die Diffusion und die Effizienz aller Instrumente eine bedeutende Rolle spielt. Dies ist unter anderem auf die gegenwärtige Präsenz und Relevanz von Internet und Social Media-Plattformen zurückzuführen.

Aus diesem Grund erscheint die Abgrenzung von Hutter und Hoffmann geeigneter, da nicht nach Online- und Offline-Instrumenten unterschieden wird, sondern die einzelnen Instrumente drei Prinzipien zugeordnet werden. Siehe Abbildung 2.

---

[37] Vgl. *Schulte, T., Pradel, M.,* Guerilla Marketing, 2006, S. 36.
[38] Vgl. *Krieger, K. H.,* Guerilla Marketing, 2012, S. 14.

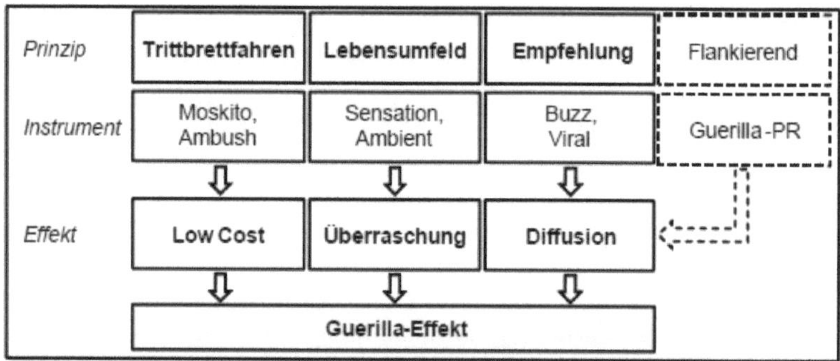

Abbildung 2: Zusammenhang zwischen Prinzipien, Instrumenten und Effekten

Quelle: *Hutter, K., Hoffmann, S.*, Professionelles Guerilla-Marketing, 2013, S. 24.

Demnach sind diese das Trittbrettfahrerprinzip, das Lebensumfeldprinzip und das Empfehlungsprinzip.[39] Für die nachfolgenden Ausführungen wird diese Einteilung übernommen.

3.1 Trittbrettfahrerprinzip

Der Begriff des Trittbrettfahrens beschreibt Handlungen, mittels derer ohne eigenes Zutun, von Unternehmungen Anderer profitiert wird.[40] Die Instrumente Moskito- und Ambush-Marketing machen sich dieses Prinzip zunutze. Die Anwendung empfiehlt sich vor allem dann, wenn Unternehmen nur ein sehr geringes Budget zur Verfügung haben.[41] Das Ziel ist es, die Schwächen der konkurrierenden Marktteilnehmer zu erkennen und diese gezielt auszunutzen, um somit von ihren Marktaktivitäten zu profitieren und Aufmerksamkeit zu erlangen.[42] Deshalb wird diese Art des Marketings auch häufig Trittbrettfahrer-Marketing genannt.[43]

3.1.1 Moskito-Marketing

Das Moskito-Marketing wird oftmals von KMU angewandt. Die Schwachstellen der Mitbewerber sollen ausgenutzt werden, um in der Folge ihre Nische zu beset-

---

[39] Vgl. *Hutter, K., Hoffmann, S.*, Professionelles Guerilla-Marketing, 2013, S. 23 ff.

[40] Vgl. *Bibliographisches Institut*, Trittbrettfahrer, o. J., o. S.

[41] Vgl. *Hutter, K., Hoffmann, S.*, Professionelles Guerilla-Marketing, 2013, S. 31.

[42] Vgl. *Hutter, K., Hoffmann, S.*, Professionelles Guerilla-Marketing, 2013, S. 24.

[43] Vgl. *Schulte, T.*, Guerilla Marketing, 2007, S. 74.

zen.[44] Dies setzt eine möglichst umfassende Analyse der Schwächen und Fehler von Wettbewerbern voraus, um sie mit den begrenzt zur Verfügung stehenden Mitteln ‚auszustechen' (wie ein Moskito).

In der Praxis tritt das Moskito-Marketing häufig als spezielle Form der Plakatwerbung auf. Als weitere Beispiele können Flyer, Poster oder auch internetbasierte Maßnahmen genannt werden. Da sich solche Maßnahmen mit geringem Mitteleinsatz umsetzen lassen, kann in diesem Zusammenhang der Vorteil der Kostengünstigkeit angeführt werden, was insbesondere Unternehmen mit begrenzten finanziellen Ressourcen entsprechende Opportunitäten bietet.

Allerdings liefert diese Werbeform auch Grund zur Kritik, da Plakate und ähnliches gewöhnlich in Form von klassischer Werbung auftreten. Dies kann dazu führen, dass eine Moskito-Marketing-Maßnahme trotz unkonventioneller Botschaft von Rezipienten unterbewusst als klassische Werbung verstanden und somit nicht beachtet wird. Rumelhart bezeichnet dies als kognitives Schema und beschreibt, dass sich Menschen im Laufe ihres Lebens Erfahrungen im Zusammenspiel von Objekten, Situationen und Ereignissen aneignen.[45] Demnach ist es möglich, dass Konsumenten die Plakatwerbung als typische Werbung wahrnehmen und folglich nicht beachten.[46]

Um zu gewährleisten, dass die Aufmerksamkeit von Rezipienten geweckt wird, entwickeln aus diesem Grund Unternehmen im Zuge des Moskito-Marketings besonders unkonventionelle Werbebotschaften. Die Praxis zeigt, dass sich dadurch eine Vielzahl von Konsumenten erreichen lässt und eine hohe Reichweite generiert werden kann. Jedoch erfordert diese Vorgehensweise ein gewisses Maß an ‚Mut' und ‚Respektlosigkeit', was wiederum Risiken birgt. Diese werden in Abschnitt 4.4 genauer erläutert.

Beispiel aus der Praxis:

Im Jahr 2007 startete eine Bio-Fleischerei aus Hamburg-Eimsbüttel eine außergewöhnliche Form der Neukundenakquise. Der Kleinunternehmer Hans Wagner ließ in der Hamburger Innenstadt eine große Anzahl von Plakaten mit der provokanten Botschaft ‚abgepackte Wurst ist für'n Arsch' anbringen. Siehe Abbildung 3.

---

[44] Vgl. *Patalas, T.*, Guerilla Marketing, 2006, S. 75.
[45] Vgl. *Rumelhart, D. E.*, Schemata and the cognitive system, 1984, S. 161 ff.
[46] Vgl. *Hutter, K., Hoffmann, S.*, Professionelles Guerilla-Marketing, 2013, S. 38.

Abbildung 3: Moskito-Marketing – Beispiel ‚Bio-Fleischerei Hans Wagner'

Quelle: *o. V.*, Fleischerei Hans Wagner, 2007, o. S.

Damit versuchte er sich von industrieller Fertigung von Wurstwaren abzugrenzen[47] und verwies gleichzeitig auf die eigenen frischen und handgemachten Qualitätsprodukte. Durch die hohe Aufmerksamkeit, die er mit dieser Aktion erregte, konnte er für seine Fleischerei neue Kunden gewinnen.[48]

3.1.2 Ambush-Marketing

Der Begriff ‚ambush' stammt aus der englischen Sprache und bedeutet übersetzt ‚Hinterhalt' oder ‚Angriff aus dem Hinterhalt'. Im Kontext des Marketings kann demzufolge unter dem Begriff ein ‚Marketing-Überfall aus dem Hinterhalt' verstanden werden.[49]

Das Ambush-Marketing stellt eine Guerilla-Variante des Sponsorings dar.[50] Zwar kommt es häufig bei großen und öffentlichkeitswirksamen Sportveranstaltungen zum Einsatz und hat dort die größte Bedeutung, kann aber grundsätzlich bei allen medienpräsenten und gesponserten Ereignissen eingesetzt werden.[51] Für ein Grundverständnis sei erklärt, dass Veranstalter von Sportereignissen die Vermarktungsrechte ihres Events an Sponsoren verkaufen. Diese erhalten im Gegenzug exklusive Werbelizenzen für ihre Produkte, Dienstleistungen und Unterneh-

---

[47] Vgl. *Hutter, K., Hoffmann, S.*, Professionelles Guerilla-Marketing, 2013, S. 24.

[48] Vgl. *Lehmkuhl, V.*, Guerilla Markting-Strategien, 2015, o. S.

[49] Vgl. *Nufer, G., Bühler, A.*, Ambush Marketing, 2014, S. 146.

[50] Vgl. *Hutter, K., Hoffmann, S.*, Professionelles Guerilla-Marketing, 2013, S. 24.

[51] Vgl. *Tropp, J.*, Moderne Marketing-Kommunikation, 2011, S. 515.

men.[52] Nicht selten bezahlen offizielle Sponsoren bei Großveranstaltungen hierfür mehrere Millionen Euro.

Für Ambusher ergibt sich bei solch einem Event die Möglichkeit, die eigene Werbebotschaft zu platzieren und die Aufmerksamkeit der Zuschauerschaft auf das eigene Unternehmen zu lenken ohne sich dabei finanziell an der Veranstaltung zu beteiligen. Möglicherweise wird dabei der Hauptsponsor geschwächt. Wenn dieser aus der gleichen Branche stammt, kann das als positiver Nebeneffekt angesehen werden.[53] Aus diesem Grund wird diese Art des Marketings auch als ‚parasitäres Verhalten‘,[54] ‚hinterhältiges Marketing‘[55] oder ‚Schmarotzer-Marketing‘[56] kritisiert. Offizielle Sponsoren hingegen bezeichnen das Ambush-Marketing als Diebstahl, machen auf die illegalen Aspekte aufmerksam und gehen oftmals auf rechtlichem Wege dagegen vor.[57]

Beispiel aus der Praxis:

Dave Mayer, der Gründer des Unternehmens ‚Clean Bottle‘ brachte im Jahre 2010 das Produkt ‚Bottle Boy‘ auf den Markt. Es handelt sich dabei um eine Trinkflasche für Sportler, welche aufgrund der speziellen Beschaffenheit von Sportgetränken (zum Beispiel Shakes) so entwickelt wurde, dass es sich im Sinne einer einfachen Reinigung von beiden Seiten öffnen lässt. In der zwei Jahre andauernden Forschungs- und Entwicklungsphase des ‚Bottle Boy‘ wurden unter anderem mehrere Flaschen-Prototypen hergestellt, was zu einem nahezu vollständigen Aufbrauchen des Eigenkapitals des Kleinunternehmers führte. Folglich standen ihm nur geringe finanzielle Mittel für Werbemaßnahmen zur Verfügung. Aus diesem Grund traf Mayer die Entscheidung, sein Produkt mit einer unkonventionellen und aufsehenerregenden, jedoch kostengünstigen Marketingaktion zu bewerben. Er nahm seine Erfindung als optisches Vorbild, ließ sich anhand dieser ein Kostüm in Form einer Trinkflasche anfertigen, suchte die Strecke der gerade statt-

---

[52]   Vgl. *Nufer, G., Bühler, A.,* Ambush Marketing, 2014, S. 146.
[53]   Vgl. *Hutter, K., Hoffmann, S.,* Professionelles Guerilla-Marketing, 2013, S. 25.
[54]   Vgl. *Hutter, K., Hoffmann, S.,* Professionelles Guerilla-Marketing, 2013, S. 25.
[55]   Vgl. *Zerr, K.,* Guerilla-Marketing, 2005, S. 469.
[56]   Vgl. *Nufer, G., Bühler, A.,* Ambush Marketing, 2014, S. 146.
[57]   Vgl. *Nufer, G., Bühler, A.,* Ambush Marketing, 2014, S. 146.

findenden ‚Tour de France' auf und lief zwischen den Radfahrern ein Stück der Strecke mit.[58] Siehe Abbildung 4.

Abbildung 4: Ambush-Marketing – Beispiel ‚Clean Bottle'

Quelle: *o. V.*, Our Story – Clean Bottle, o. J., o. S.

Die Übertragung des Events erfolgte live im Fernsehen, wodurch Dave Mayer mehrere Minuten lang in verschiedenen TV-Sendern zu sehen war. Auch konnte er die Aufmerksamkeit der sich am Streckenrand versammelten Radsportfans gewinnen, welche die Aktion offensichtlich als unterhaltsam empfanden. Sie jubelten ihm zu, ohne zu wissen, dass sie in eine Werbemaßnahme involviert waren. Nach Mayers Auftritt baten ihn zahlreiche Journalisten um Interviews, die ebenfalls im Fernsehen übertragen wurden. Circa ein Jahr nach beschriebener Ambush-Marketing-Aktion hatte der Unternehmer bereits 150.000 Flaschen verkauft und damit 750.000 US-Dollar Umsatz erzielt.[59]

3.2 Lebensumfeldprinzip

Die Instrumente Sensation- und Ambient-Marketing sind dem Lebensumfeldprinzip zuzuordnen. Sie sollen die Konsumenten durch eine gezielte räumliche Platzierung (im direkten Lebensumfeld) der Werbebotschaft überraschen.[60] Die Nut-

---

[58] Vgl. *o. V.*, Our Story – Clean Bottle, o. J., o. S.

[59] Vgl. *o. V.*, Our Story – Clean Bottle, o. J., o. S.

[60] Vgl. *Hutter, K., Hoffmann, S.*, Professionelles Guerilla-Marketing, 2013, S. 26.

zung empfiehlt sich insbesondere dann, wenn die Aufmerksamkeit der zuvor definierten Zielgruppe gesteigert werden soll.[61]

3.2.1 Sensation-Marketing

Das Ziel des Sensation-Marketings ist es, Passanten durch unerwartete Inszenierungen auf öffentlichen Plätzen zu überraschen.[62] Bereits der Begriff impliziert, dass dies im Zuge von ‚sensationellen' Aktionen geschieht. Damit eine möglichst hohe Anzahl Personen erreicht wird, ist es von Bedeutung, dass es sich dabei um stark frequentierte, bei der Zielgruppe sehr beliebte oder auch um für Medien besonders reizvolle öffentliche Plätze handelt.[63] Exemplarisch können hierfür Fußgängerzonen, Einkaufszentren, Bahnhöfe und Flughäfen genannt werden.

Eine erfolgreich durchgeführte Sensation-Aktion kann einen ‚Wow'-Effekt erzeugen und bewirken, dass die Werbebotschaft und das damit verbundene Produkt beziehungsweise das Unternehmen fest im Kopf der Rezipienten verankert werden.[64] „Dieses Überraschungsmoment ist elementar, für die Wahrnehmung des kommerziellen Ereignisses als Erlebnis. Emotionales Marketing prägt sich länger und einfacher in das Gedächtnis der Rezipienten ein."[65]

Damit die Inszenierungen als neuartig und spektakulär empfunden werden, sollten Sensation-Aktionen nur einmalig durchgeführt werden.[66] Das bedeutet, dass Faktoren wie der Standort, der Wochentag, die Uhrzeit und ähnliches sorgfältig bedacht werden müssen, sodass eine hohe Kontaktzahl generiert wird und die Streuverluste möglichst gering bleiben.

Beispiel aus der Praxis:

Der TV-Sender ‚TNT' führte im Jahr 2012 zum Senderstart in Belgien folgende Sensation-Marketing-Maßnahme durch: Mitten auf dem Marktplatz der Stadt Aarschot wurde eine blau-weiße Säule mit einer roten Taste aufgestellt. Ein über der Taste hängendes Schild mit der Aufschrift ‚push to add drama' forderte die Passanten auf, die Taste zu drücken. Sobald ein Passant der Aufforderung gefolgt war,

---

[61]   Vgl. *Hutter, K., Hoffmann, S.*, Professionelles Guerilla-Marketing, 2013, S. 31.

[62]   Vgl. *Hutter, K., Hoffmann, S.*, Professionelles Guerilla-Marketing, 2013, S. 26.

[63]   Vgl. *Schulte, T.*, Guerilla Marketing, 2007, S. 40.

[64]   Vgl. *Hutter, K., Hoffmann, S.*, Professionelles Guerilla-Marketing, 2013, S. 26.

[65]   *Nufer, G., Bender, M.*, Guerilla Marketing, 2008, S. 19.

[66]   Vgl. *Hutter, K., Hoffmann, S.*, Professionelles Guerilla-Marketing, 2013, S. 27.

wurde eine Reihe von Ereignissen ausgelöst, die weder für die unmittelbar invol-
vierten noch für die umstehenden Passanten zu erahnen gewesen war. Ein mit
Blaulicht rasender Krankenwagen, ein Unfall mit einem Radfahrer, eine anschlie-
ßende Schlägerei und eine darauffolgende Schießerei zwischen Polizei, Spezial-
einsatzkommando und Kriminellen waren Teil der Inszenierung. Für zusätzliche
Verwirrung sorgte eine Dame in Reizwäsche, die auf einem Motorrad vorbeifuhr,
und ein Football-Team, das einen Verletzten abtransportierte. Abschließend wurde an einer gegenüberliegenden Häuserfassade ein großes Transparent mit der
Aufschrift ‚your daily dose of drama' heruntergelassen. Damit wurde auf den Senderstart am 10. April 2012 aufmerksam gemacht.[67] Siehe Abbildung 5.

Abbildung 5: Sensation-Marketing – Beispiel ‚TNT'

Quelle: *o. V.*, A dramatic surprise on a quiet square, 2012, o. S.

Für eine zusätzliche Verbreitung der Botschaft wurde das Ereignis durch das vor
Ort befindliche Filmteam aufgezeichnet. Im Anschluss wurden die Aufnahmen zu
einem Kurzfilm aufbereitet und über alle Social Media-Kanäle des Unternehmens
verbreitet. Das Video konnte innerhalb von zwei Tagen über 10,5 Millionen Zugriffe erzielen.[68] Inzwischen kann das Video knapp 56 Millionen Aufrufe vorweisen.[69]

---

[67]   Vgl. *Hein, D.*, TNT inszeniert Schießerei, 2012, o. S.
[68]   Vgl. *Hein, D.*, TNT inszeniert Schießerei, 2012, o. S.
[69]   Vgl. *o. V.*, A dramatic surprise on a quiet square, 2012, o. S.

3.2.2 Ambient-Marketing

Das Ambient-Marketing und Sensation-Marketing sind sich im Grunde sehr ähnlich. Während Sensation-Marketing-Aktionen nur selten messbar und meist einzigartig sind, sind Ambient-Marketing-Aktionen durch ihre Wiederholbarkeit gekennzeichnet.[70] Das Ambient-Marketing kann als Guerilla-Variante der klassischen Außenwerbung angesehen werden.[71] Das Ziel ist die Platzierung von unkonventionellen Werbemaßnahmen beziehungsweise Installationen im direkten Lebensumfeld (Ambiente) der Zielgruppe. Die Aufmerksamkeit von Passanten wird zum einen dadurch erreicht, dass Orte gewählt werden, an denen entsprechende Maßnahmen nicht erwartet werden.[72] Zum anderen kommen häufig Stilmittel wie Gigantismus oder Minimalismus zum Einsatz, die aufgrund ihres Unterhaltungswertes reges Interesse erwecken.[73] So ist zum Beispiel denkbar, dass in einer Fußgängerzone eine überdimensionale Kaffeetasse installiert wird, um auf ein angrenzendes Café aufmerksam zu machen. Neben der Erweckung von Aufmerksamkeit hat dies den Vorteil, dass Passanten von solch ungewöhnlichen Installationen beziehungsweise Objekten häufig Bilder machen, die sie daraufhin im privaten Umfeld und in sozialen Medien teilen. Eine kostenlose Verbreitung der Werbebotschaft ist die Folge. Die bereits angesprochene Wiederholbarkeit der Maßnahmen zeigt sich in der Praxis dadurch, dass Unternehmen die gleiche Maßnahme nacheinander oder auch gleichzeitig an unterschiedlichen Standorten (regional sowie überregional) durchführen. Dies fördert die Multiplikatorwirkung zusätzlich.

Beispiel aus der Praxis:

Im Zuge einer Ambient-Marketing-Aktion überraschte im Jahre 2010 die schwedische Möbelkette ‚IKEA' die Nutzer der Pariser Metro. Das Unternehmen gestaltete gleich vier der verkehrsreichsten Metro-Stationen zu einer Art Wohnzimmer um. So wurden in allen vier Stationen mehrere Bereiche mit Laminat ausgelegt und bunte Sofas, Sessel und Stehlampen aufgestellt.[74] Siehe Abbildung 6.

---

[70] Vgl. *Schulte, T.*, Guerilla Marketing, 2007, S. 84.

[71] Vgl. *Hutter, K., Hoffmann, S.*, Professionelles Guerilla-Marketing, 2013, S. 26.

[72] Vgl. *Schulte, T.*, Guerilla Marketing, 2007, S. 84.

[73] Vgl. *Hutter, K., Hoffmann, S.*, Professionelles Guerilla-Marketing, 2013, S. 26.

[74] Vgl. *o. V.*, IKEA Sofa in der Pariser Metro, 2010, o. S.

Abbildung 6: Ambient-Marketing – Beispiel ‚IKEA'

Quelle: *Dittberner, A.*, IKEA-Möbel mitten in der Pariser Métro, 2010, o. S.

Das Ziel dieser unerwarteten und überraschenden Maßnahme war die Bewerbung der neuen Möbelkollektion, auf die gleichzeitig mit großen Plakaten hingewiesen wurde. Die aufgestellten Einrichtungsgegenstände dienten allerdings nicht nur der Deko, sondern sollten auch genutzt werden. Diesem Wunsch kamen die Pendler nach, nutzten die Einrichtungen und ließen sich dabei fotografieren. Die Maßnahme wurde positiv aufgenommen und brachte das Unternehmen ins Gespräch. In der Folgezeit besuchten manche Passanten die U-Bahn-Stationen nur aus dem Grund, die Aktion direkt vor Ort zu betrachten. Des Weiteren wurde in Blogs, in sozialen Medien und in den französischen Medien darüber berichtet.[75]

3.3 Empfehlungsprinzip

Das Empfehlungsprinzip wird durch die Instrumente Viral- und Buzz-Marketing genutzt. Dabei soll kostengünstig eine möglichst hohe Anzahl von Kontaktpersonen erreicht werden.[76] Dies gelingt meist dann, wenn eine Guerilla-Aktion beziehungsweise der Inhalt der Werbebotschaft dem Interesse der Zielgruppe entspricht.[77] Die Instrumente Viral- und Buzz-Marketing sind besonders für Startups und KMU gut geeignet, die Geschäftsaktivitäten im internationalen Raum planen oder bereits durchführen.[78]

---

[75] Vgl. *Dittberner, A.*, IKEA-Möbel mitten in der Pariser Métro, 2010, o. S.

[76] Vgl. *Hutter, K., Hoffmann, S.*, Professionelles Guerilla-Marketing, 2013, S. 31.

[77] Vgl. *Hutter, K., Hoffmann, S.*, Professionelles Guerilla-Marketing, 2013, S. 29.

[78] Vgl. *Schulte, T.*, Guerilla Marketing, 2007, S. 154.

3.3.1 Buzz-Marketing

Der aus dem englischen Sprachgebrauch stammende Begriff ‚buzz' bedeutet so viel wie ‚Summen' oder ‚Gerede'. Das Buzz-Marketing basiert auf dem Grundprinzip der Freundschaftswerbung[79] und der Mundpropaganda (oder auch: Mund-zu-Mund-Propaganda).[80] In der einschlägigen Literatur wird in diesem Zusammenhang regelmäßig die Bezeichnung Word-of-Mouth-Marketing verwendet.[81] Da die Bezeichnung Word-of-Mouth nicht dem Begriffsinventar des Guerilla-Marketings entstammt, erscheint es sinnvoller, das Buzz-Marketing als Guerilla-Variante des Word-of-Mouth-Marketings zu betiteln.[82]

Die dahinterstehende Idee ist, dass Meinungsführer beziehungsweise sogenannte Buzz-Agenten als Konsumenten oder auch als Fans von Produkten, Dienstleistungen und Unternehmen auftreten.[83] Durch den möglichst intensiven Austausch mit Personen in der Öffentlichkeit oder im privaten Freundes- und Bekanntenkreis teilen sie die eigene Begeisterung mit. Das Ziel ist, ihre Mitmenschen von den Vorzügen bestimmter Angebote zu überzeugen. Der kreative Ansatz dieser Marketingform besteht darin, dass die persönlichen Beziehungen der Agenten genutzt werden, sodass für Rezipienten kein konkreter Werbehintergrund erkennbar ist.[84] Da Agenten beispielsweise mit Produktproben oder Vergünstigungen entlohnt werden,[85] stellt dies vor allem für Unternehmen mit begrenzten finanziellen Mitteln eine Möglichkeit dar, kostengünstig eine Vielzahl von Personen zu erreichen und den Bekanntheitsgrad innerhalb kurzer Zeit zu erhöhen. So ist es denkbar, dass Produkte oder Dienstleistungen bereits vor Einführung in den Markt zu einem ‚Must-have' werden.

Seit Anfang der 2000er-Jahre durchlebt das Buzz-Marketing einen Wandel und verschiebt sich zunehmend in das Internet beziehungsweise findet insbesondere in Social Media-Plattformen statt.[86] Der Autor Rosen bezeichnet dies als ‚the new

---

[79] Vgl. *Kreutzer, R. T.*, Praxisorientiertes Marketing, 2006, S. 245.

[80] Vgl. *Krieger, K. H.*, Guerilla Marketing, 2012, S. 15.

[81] Vgl. *Tropp, J.*, Moderne Marketing-Kommunikation, 2011, S. 434; *Rosen, E.*, Buzz, 2009, S. 21.

[82] Vgl. *Hutter, K., Hoffmann, S.*, Professionelles Guerilla-Marketing, 2013, S. 29.

[83] Vgl. *Patalas, T.*, Guerilla Marketing, 2006, S. 62; *Welling, M.*, Guerilla Marketing in der Marktkommunikation, 2005, S. 15.

[84] Vgl. *Kreutzer, R. T.*, Praxisorientiertes Marketing, 2006, S. 245.

[85] Vgl. *Hutter, K., Hoffmann, S.*, Professionelles Guerilla-Marketing, 2013, S. 29.

[86] Vgl. *Rosen, E.*, Buzz, 2009, S. 21.

buzz'. Er führt diese Entwicklung vor allem darauf zurück, dass Blogs, soziale Medien und ähnliches ermöglicht haben, Erfahrungsberichte durch Bilder und Videos zu visualisieren und diese schnell und unkompliziert zu veröffentlichen.[87] Der klassische Buzz hingegen beschränkte sich meist auf eine verbale Kommunikation und erforderte die physische Zusammenkunft von Agenten und Rezipienten. Damit waren die Maßnahmen nicht nur aufwendiger, sondern auch auf den unmittelbaren Kreis der Agenten beschränkt.

Beispiel aus der Praxis:

Unternehmen haben die Bedeutung von Social Media-Kanälen und die Reichweite von ‚Internetstars' erkannt und setzen diese gezielt als Werbeträger ein. In den letzten Jahren ist ein Trend zu beobachten, dessen Etablierung durch Firmen wie ‚H&M' (schwedisches Textilhandelsunternehmen) und ‚dm' (deutsche Drogeriemarktkette) maßgeblich gefördert wurde. Es handelt sich dabei um sogenannte ‚Haul'-Videos. Hierfür laden Unternehmen zunächst Internetstars mit einer hohen Reichweite in ihre Läden ein und stellen ihnen Einkaufsgutscheine zur Verfügung. Im Gegenzug veröffentlichen die Buzz-Agenten auf ihren eigenen Social Media-Profilen (primär ‚YouTube') Videos, in denen sie sich selbst bei ihrem Einkauf filmen, im Anschluss über ihr Einkaufserlebnis erzählen, die erworbenen Produkte vorstellen und schlussendlich Empfehlungen aussprechen.[88] Im Falle von ‚dm' sind das regelmäßig hauseigene Produkte der Marke ‚Balea'.

Als Beispiel für eine Buzz-Agentin kann die Webvideoproduzentin Dagmara ‚Dagi Bee' Ochmanczyk genannt werden, zu sehen in Abbildung 7. Sie ist eine sogenannte ‚YouTuberin' mit aktuell über 3,8 Millionen Abonnenten, welche ihre Zuschauerschaft beziehungsweise Anhängerschaft ausmachen. Die von ihr veröffentlichten ‚dm-Haul'-Videos wurden unter anderem 2,2 Millionen, 1,9 Millionen und 1,6 Millionen Male angesehen. Die Aufrufzahlen vermitteln einen Einblick, welch enorme Reichweite mit solchen Videos generiert werden kann. Aus diesem Grund sind auf der Plattform YouTube unzählige weitere Videos dieser Art zu finden.

---

[87] Vgl. *Rosen, E.,* Buzz, 2009, S. 21 ff.
[88] Vgl. *Vogl, M.,* Was ist ein Haul, 2014, o. S.

Abbildung 7: Buzz-Marketing – Beispiel ‚dm'

Quelle: *o. V.*, dm-Haul Dagi Bee, 2014, o. S.

Das Besondere an diesem Vorgehen ist, dass der Inhalt besagter Videos von den Zuschauern nicht etwa als Werbung wahrgenommen, sondern als Empfehlungen in Form von Schminktipps, Beautytipps und dergleichen verstanden wird. Der Erfolg dieser Marketingform lässt sich damit begründen, dass potentielle Käufer Empfehlungen eher Glauben schenken als den durchdachten Verkaufsargumenten im Rahmen von konventioneller Werbung.[89]

3.3.2 Viral-Marketing

Der Begriff ‚viral' hat seinen Ursprung in der Medizin und beschreibt das Verhalten von Viren, die sich im Verlauf von Epidemien innerhalb kürzester Zeit von Mensch zu Mensch verbreiten. Der Terminus Viral-Marketing beschreibt somit das gezielte Auslösen von sich rasant verbreitender Mundpropaganda (wie ein Virus beziehungsweise eine Epidemie), mit dem Zweck, Produkte, Dienstleistungen und Unternehmen zu vermarkten.[90] Aus diesem Grund wird das Viral-Marketing in der Literatur auch als Virus-Marketing bezeichnet.[91]

Zwar wird das Viral-Marketing überwiegend mit dem Internet assoziiert, es ist jedoch an kein spezifisches Medium gebunden. Allerdings hat die Entwicklung des Internets bewirkt, dass das Viral-Marketing primär im Internet Anwendung

---

[89] Vgl. *Langner, S.*, Viral Marketing, 2005, S. 15.

[90] Vgl. *Langner, S.*, Viral Marketing, 2005, S. 25.

[91] Vgl. *Förster, A., Kreuz, P.*, Marketing-Trends, 2006, S. 28; *Kreutzer, R. T.*, Praxisorientiertes Marketing, 2006, S. 263; *Langner, S.*, Viral Marketing, 2005, S. 28.

findet. Dies liegt in der Geschwindigkeit der Informationsübertragung via Websites, Internetforen, soziale Netzwerke und E-Mails begründet.[92] Das sogenannte ‚Seeding' beschreibt dabei die gezielte Erstplatzierung der Werbebotschaft in Form von Texten, Bildern und Videos. Anschließend wird die Botschaft durch die Zielgruppe selbstständig und kostenlos verbreitet.[93] Als wesentliches Argument für die Nutzung von sozialen Medien ist die Möglichkeit der Interaktion von Nutzern zu nennen.[94] Die virale Verbreitung wird durch Bewertungen (‚Likes'), Weiterleitungen (‚Shares') und Kommentare gefördert und gewährleistet.[95] Dabei ist allerdings zu beachten, dass eine kostenlose Berichterstattung nur dann zu erwarten ist, wenn Inhalte als unterhaltsam, überraschend oder emotional empfunden werden.[96] Darüber hinaus muss sichergestellt werden, dass die Inhalte den Bedürfnissen der Zielgruppe entsprechen.[97] Ein zusätzlicher Anreiz zur kostenlosen Verbreitung der Werbebotschaften kann durch Gewinnspiele, Gutscheine und Prämien geschaffen werden.[98]

Beispiel aus der Praxis:

Das Unternehmen ‚EDEKA' ist im deutschsprachigen Raum dafür bekannt, dass es auf seinen Social Media-Profilen regelmäßig außergewöhnliche Videos veröffentlicht. Auf diesem Wege konnte die Supermarkt-Kette bereits mehrmals die virale Verbreitung ihrer Videos erreichen. Den bisher größten ‚viralen Hit' konnte sie im Jahr 2015 mit ihrem Weihnachtsclip ‚#heimkommen' erzielen. Das Video wurde innerhalb von 24 Stunden auf Facebook 5 Millionen Male und auf YouTube 1,2 Millionen Male angesehen[99] und weist zum jetzigen Zeitpunkt knapp 60 Millionen Zugriffe auf.[100]

---

[92] Vgl. *Langner, S.*, Viral Marketing, 2005, S. 29.

[93] Vgl. *Hutter, K., Hoffmann, S.*, Professionelles Guerilla-Marketing, 2013, S. 29.

[94] Vgl. *Kochhan, C. et. al.*, Ambient-Marketing, 2017, S. 76.

[95] Vgl. *Hilker, C.*, Content Marketing, 2017, S. 30; *Krieger, K. H.*, Guerilla Marketing, 2012, S. 209.

[96] Vgl. *Bryce, M.*, Viral Marketing, S. 46 ff.; *Hilker, C.*, Content Marketing, 2017, S. 120; *Krieger, K. H.*, Guerilla Marketing, 2012, S. 210; *Welling, M.*, Guerilla Marketing in der Marktkommunikation, 2005, S. 14; *Wochlik, K.*, Guerilla Marketing, 2013, S. 180.

[97] Vgl. *Bryce, M.*, Viral Marketing, S. 44; *Levinson, J. C.*, Guerrilla Facebook Marketing, 2013, S. 3.

[98] Vgl. *Kochhan, C. et. al.*, Ambient-Marketing, 2017, S. 135; *Schulte, T.*, Guerilla Marketing, 2007, S. 58.

[99] Vgl. *o. V.*, Weihnachts-Sensation Edeka, 2015, o. S.

[100] Vgl. *o. V.*, EDEKA Weihnachtsclip - #heimkommen, 2015, o. S.

Im Video ist zunächst ein einsamer älterer Herr zu sehen, der von seinen Familienmitgliedern auf seine Weihnachtseinladungen hin nur Absagen erhält. In der Folge verschickt er seine eigene Todesanzeige, sodass sich alle erschüttert zu seiner Wohnstätte begeben. Schließlich löst er den Sachverhalt auf, erläutert den Grund für die drastische Maßnahme, und sie feiern ein fröhliches Familienfest. Siehe Abbildung 8.

Abbildung 8: Viral-Marketing – Beispiel ‚EDEKA'

Quelle: *o. V.*, EDEKA Weihnachtsclip - #heimkommen, 2015, o. S.

Neben dem Inhalt des Videos fallen weitere Details auf: Zum einen wird das Video von einer sentimentalen Musik begleitet, welche die Zuschauer unterschwellig berühren soll. Zum anderen wurde das Video zur Adventzeit veröffentlicht und damit zu einer Zeit, die als besinnlich gilt und in der Rezipienten emotional besonders erreichbar sind. Dies kann in diesem Fall als primärer Antreiber für den gelungenen Diffusionseffekt angesehen werden.

Das Unternehmen setzt das Viral-Marketing gezielt und erfolgreich ein. Der YouTube-Kanal des Unternehmens hat insgesamt knapp 135 Millionen Videoaufrufe und über 106.000 Abonnenten.[101] Die Zahl der Abonnenten entspricht der Anzahl von Personen, die über die Veröffentlichung von neuen Videos unmittelbar informiert werden. Somit hat jedes neue Video das Potential auf eine kostenlose virale Verbreitung. Zum Vergleich: Das ebenfalls in der Lebensmittelbranche täti-

---

[101] Vgl. *o. V.*, EDEKA YouTube-Kanalinfo, o. J., o. S.

ge Unternehmen ‚ALDI SÜD' verzeichnet auf seinem YouTube-Kanal knapp 6.000 Abonnenten und etwas über 6 Millionen Videoaufrufe.[102]

3.4 Guerilla-PR als flankierende Maßnahme

Ein weiteres Instrument, das sich im Laufe der Evolution des Guerilla-Marketings durchgesetzt hat, ist die Guerilla-PR als flankierende Maßnahme. Sie ist als Guerilla-Variante der Öffentlichkeitsarbeit zu verstehen und zielt darauf ab, die Aufmerksamkeit der Medien auf die Guerilla-Kampagne zu lenken. Durch Berichterstattungen soll eine größere Reichweite generiert und eine höhere Anzahl von Kontaktpersonen erreicht werden.[103] Medienvertreter verfolgen das Eigeninteresse, über interessante und ungewöhnliche Ereignisse zu berichten. Im Falle von Guerilla-Aktionen mit entsprechenden Inhalten sind sie gewillt, die Werbebotschaft freiwillig und kostenlos zu verbreiten.

Beispiel aus der Praxis:

Im Jahr 2012 wurde zur Neueröffnung eines Supermarktes in der nordfriesischen Gemeinde Süderlügum eine ungewöhnliche Kampagne gestartet. Der Geschäftsführer Nils Sterndorff bewarb zuvor, dass am Tag der Eröffnung die ersten hundert Kunden für einen Gegenwert von 2.000 Dänischen Kronen (das entspricht circa 270 Euro) umsonst einkaufen dürften. Er stellte allerdings die Bedingung, dass die Kunden sich dafür ihrer Kleidung entledigten und den gesamten Einkauf nackt durchführten.[104] Siehe Abbildung 9.

---

[102] Vgl. *o. V.,* ALDI SÜD YouTube-Kanalinfo, o. J., o. S.

[103] Vgl. *Hutter, K., Hoffmann, S.,* Professionelles Guerilla-Marketing, 2013, S. 31.

[104] Vgl. *o. V.,* 100 Nackte stürmen Supermarkt, 2012, o. S.

Abbildung 9: Guerilla-PR – Beispiel Neueröffnung Supermarkt

Quelle: *o. V.*, 100 Nackte stürmen Supermarkt, 2012, o. S.

Die Aktion des Unternehmens stieß auf großes Interesse. Laut seiner Aussage hatte Sterndorff zwar mit einigen Kunden gerechnet, die sich auf sein Angebot einlassen würden, jedoch nicht mit den mehreren hundert Personen, die sich am Eröffnungstag einfanden. Darunter Kunden, die unter benannten Bedingungen einkaufen wollten, etliche Schaulustige und eine Vielzahl von Pressevertretern. Im Anschluss berichteten nicht nur regionale, sondern auch überregionale Medien über das Ereignis.[105]

---

[105] Vgl. *o. V.*, Nackte stürmen Supermarkt, 2012, o. S.

4 Anwendung des Guerilla-Marketings in Start-ups und KMU

In diesem Kapitel wird das Guerilla-Marketing im Hinblick auf die Anwendung in Start-ups und KMU mit begrenzten finanziellen Mitteln betrachtet. An dieser Stelle muss darauf hingewiesen werden, dass Start-ups und KMU keine grundsätzliche Kapitalschwäche unterstellt wird. Dies wäre grundlegend falsch.

Eine KMU-Definition des Instituts für Mittelstandforschung (IfM) Bonn, die sich in Deutschland durchgesetzt hat, sieht folgende Abgrenzung vor: Kleine Unternehmen mit bis zu 9 Beschäftigten und unter 1 Million Euro Jahresumsatz und mittlere Unternehmen mit bis zu 499 Beschäftigten und unter 50 Millionen Euro Jahresumsatz.[106] Gemäß dieser Definition zählten im Jahr 2015 99,6 Prozent aller Unternehmen in Deutschland zu KMU und erwirtschafteten 35 Prozent aller Umsätze aus Lieferungen und Leistungen.[107] Demnach leisten KMU einen signifikanten ökonomischen Beitrag und haben eine sehr große Bedeutung für die Volkswirtschaft.[108]

Bei Start-ups handelt es sich um junge Unternehmen, die sich im (Vor-)Gründungsprozess befinden und auf der Suche nach Finanzierungsmitteln sind. Sie sind dadurch gekennzeichnet, dass sie über ein überdurchschnittliches Innovations-, Wachstums- und Renditepotential verfügen.[109]

4.1 Abgrenzung zu Großunternehmen

Die Literatur sowie auch die Praxis zeigen, dass das Guerilla-Marketing in allen Unternehmen unabhängig von der Größe Anwendung finden kann. Dennoch sind Unterschiede festzuhalten. Diese sind unter anderem auf unterschiedliche Strukturen, Ziele[110] und Marketingbudgets[111] der jeweiligen Unternehmen zurückzuführen. So nutzen Großunternehmen das Guerilla-Marketing eher strategisch, wenn beispielsweise im Zuge eines Produkt-Relaunchs eine modifizierte Version eines Produkts veröffentlicht wird. Das Ziel ist, das Produktangebot erneut ins

---

[106] Vgl. *Haag, P., Roßmann, P.*, Management kleiner und mittlerer Unternehmen, 2015, S. 3; *Reinemann, H.*, Mittelstandsmanagement, 2011, S. 3.

[107] Vgl. *IfM Bonn*, Unternehmensbestand, o. J., o. S.

[108] Vgl. *Reinemann, H.*, Mittelstandsmanagement, 2011, S. 10.

[109] Vgl. *Hahn, C.*, Start-up-Unternehmen, 2014, S. 4.

[110] Vgl. *Levinson, J. C., Godin, S.*, Guerilla Marketing Handbuch, 1996, S. 18.

[111] Vgl. *Patalas, T.*, Guerilla Marketing, 2006, S. 45.

Gespräch zu bringen und den Absatz zu fördern. Kleine und mittelständische Unternehmen hingegen nutzen das Guerilla-Marketing eher aus taktischen Gründen. So werden interessante oder brisante tagesaktuelle Themen in Guerilla-Marketing-Maßnahmen umgesetzt. Oftmals dient dies dem Zweck, das Unternehmen bekannt zu machen und erstmals die Aufmerksamkeit der Konsumenten beziehungsweise der Zielgruppe zu gewinnen.[112]

Die bereits angesprochenen unterschiedlich hohen Marketingbudgets machen einen wesentlichen Unterschied zwischen Großunternehmen und KMU aus. Großunternehmen setzen das Guerilla-Marketing zusätzlich zu ihren klassischen Werbemaßnahmen ein. Da ein Misserfolg zumindest finanziell keine existenzbedrohliche Wirkung hat, können sie es als 'Spielwiese' ansehen und ausprobieren, welche zusätzlichen Erfolge sich im Gegensatz zur klassischen Werbung einstellen.[113] Im Gegenzug müssen Start-ups und KMU im Rahmen ihrer Finanzplanung abwägen, welche Marketingmaßnahmen durchgeführt werden sollen. Eine Fehlinvestition in Form einer nicht optimal platzierten Guerilla-Maßnahme hat bei diesen Unternehmen größere Auswirkungen, da die jährlichen Marketingbudgets nur einen Bruchteil derer von Großunternehmen ausmachen.[114]

Ferner wird bei der Betrachtung der Voraussetzungen für das Guerilla-Marketing ein weiterer Unterschied deutlich. Gemäß Ries und Trout müssen drei Voraussetzungen erfüllt sein, damit ein Unternehmen das Guerilla-Marketing erfolgreich einsetzen kann. Demnach sollen Marktsegmente ausfindig gemacht werden, die klein genug sind, um sie erobern und verteidigen zu können, das Unternehmen soll über eine schlanke Organisationsstruktur verfügen und zuletzt eine hohe Flexibilität vorweisen, um schnell handeln zu können.[115] Hieraus lässt sich ein Nachteil für Großunternehmen ableiten, da diese bedingt durch Unternehmensgröße und Mitarbeiteranzahl oftmals starre Strukturen vorweisen und somit an Schnelligkeit und Flexibilität einbüßen. Die Charakteristika von Start-ups und KMU hingegen stellen eine optimale Grundlage für das Guerilla-Marketing dar, da solche Unternehmen meist schlank und flexibel sind, was mit einer hohen Reaktionsge-

---

[112] Vgl. *Hutter, K., Hoffmann, S.*, Professionelles Guerilla-Marketing, 2013, S. 184 f.; *Holland, H.*, Die neuen Werbeformen, 2007, S. 18.

[113] Vgl. *Kuchar, A., Herbert, S.*, Guerilla Werbung, 2010, S. 76.

[114] Vgl. *Haag, P., Roßmann, P.*, Management kleiner und mittlerer Unternehmen, 2015, S. 246.

[115] Vgl. *Ries, A., Trout, J.*, Marketing Warfare, 2005, S. 101 ff.

schwindigkeit einhergeht.[116] Patalas beschreibt das Guerilla-Marketing im Hinblick auf die Anwendung in KMU dementsprechend: „Guerilla Marketing ist das ideale Instrument für klein- und mittelständische Unternehmen. Nicht nur weil KMU generell ein kleineres Marketing-Budget zur Verfügung haben, sondern weil die charakteristischen Merkmale des Guerilla Marketing wie Schnelligkeit, Flexibilität und Kreativität gerade von kleineren Unternehmen leichter umzusetzen sind."[117]

4.2 Strategie als Schlüssel zum Guerilla-Erfolg

Guerilla-Marketing-Aktionen vermitteln häufig den Eindruck von Spontanität und spielerischer Leichtigkeit. Dies könnte auch von Unternehmen so verstanden werden und sie dazu verleiten, das Guerilla-Marketing ohne ausgearbeiteten Plan und ohne zugrundeliegender Strategie einzusetzen. Hiervon ist in jedem Fall abzuraten. Zum einen stellt ein planloses Vorgehen beziehungsweise ein ‚Ad hoc'-Marketing einen ineffizienten Einsatz finanzieller Ressourcen dar, da ein Werbeeffekt meist ausbleibt.[118] Daneben kann sich eine schlecht durchdachte Guerilla-Maßnahme auch schädlich auf das Unternehmen auswirken.[119] Deswegen bedarf es bei einer Guerilla-Marketing-Kampagne fundierter Planung, dezidierter Umsetzung und kontinuierlicher Überwachung.[120] Um die angestrebten Marketing- und Unternehmensziele nachhaltig zu erreichen, ist das Verfolgen einer klaren Strategie von essentieller Bedeutung.

Bezüglich einer Guerilla-Marketing-Strategie haben Unternehmen grundsätzlich die Möglichkeit, sich selbstständig Gedanken zu machen und eine eigene Strategie zu erarbeiten. Dagegen spricht, dass in der Regel grundlegendes Wissen zum Thema Guerilla-Marketing fehlt. Aus diesem Grund ist die Auseinandersetzung mit der einschlägigen Fachliteratur empfehlenswert. In Guerilla-Marketing-Werken wird eine Vielzahl von Strategien vorgestellt, die übernommen oder als Grundlage für ein individuelles Strategiekonzept verwendet werden können. Hierzu gehört die auf sieben Leitlinien basierende Guerilla-Strategie von Levin-

---

[116] Vgl. *Schulte, T.*, Guerilla Marketing, 2007, S. 33 f.

[117] *Patalas, T.* zitiert in: *Schulte, T.*, Guerilla Marketing, 2007, S. 17.

[118] Vgl. *Kleimeier, P.*, Verkaufserfolg für KMU, 2017, S. 97.

[119] Vgl. *Puttenat, D.*, Praxishandbuch Presse- und Öffentlichkeitsarbeit, 2007, S. 144.

[120] Vgl. *Levinson, J. C.*, Guerrilla Facebook Marketing, 2013, S. 96.

son.[121] Ein weiteres Beispiel ist das von Hutter und Hoffmann in Anlehnung an Meffert et al. unter dem Titel ‚7 Elemente der Guerilla-Marketing-Konzeption' erstellte Modell.[122] Ferner stellen auch Haag und Roßmann eine fundierte Guerilla-Marketing-Strategie vor.[123] Da sich die Autoren in ihrem Werk explizit mit dem Management von KMU befassen, erscheint es im Kontext der vorliegenden Arbeit sinnvoll, auf die in diesem Werk vorgestellte Strategie näher einzugehen. Sie kann wie folgt zusammengefasst werden:

1. Aktuelle Situation analysieren

Um eine Bestandsaufnahme des gegenwärtigen Zustands zu erreichen, ist zunächst eine Unternehmens- und Umweltanalyse erforderlich. Hierbei bietet sich die SWOT-Analyse aus dem Bereich der strategischen Unternehmensführung beziehungsweise Planung an. Sie dient der Analyse von Stärken (**S**trengths) und Schwächen (**W**eaknesses) des eigenen Unternehmens, aber auch dazu, diese zu den potentiellen Chancen (**O**pportunities) und Bedrohungen (**T**hreads) in Beziehung zu setzen.[124] So kann zum Beispiel festgestellt werden, dass bestimmte im Unternehmen erbrachte Leistungen am Markt Alleinstellungsmerkmale darstellen und daher weiter ausgebaut werden sollten. Darüber hinaus ist es möglich, dass im Zuge dieser Analyse bei Wettbewerbern Schwächen deutlich werden, die in der Folge beispielsweise im Rahmen des Trittbrettfahrerprinzips gezielt ausgenutzt werden können. Überdies kann die Analyse Marktsegmente aufzeigen (gemäß Voraussetzungen nach Ries und Trout), die noch nicht besetzt sind und in denen eine erfolgreiche Differenzierung erzielt werden kann.[125]

2. Ziele definieren

Ziele beschreiben angestrebte zukünftige Zustände und bilden den Kern der Unternehmensführung.[126] Auch im Rahmen einer Guerilla-Marketing-Strategie stellen sie eines der Kernelemente dar. Nach der Entscheidung, welche der übergeordneten Marketing- und Unternehmensziele durch das Guerilla-Marketing er-

---

[121] Vgl. *Levinson, J. C.*, Guerilla Marketing des 21. Jahrhunderts, 2011, S. 59 f.

[122] Vgl. *Hutter, K., Hoffmann, S.*, Professionelles Guerilla-Marketing, 2013, S. 18 in Anlehnung an *Meffert et al.*, Marketing, 2015, S. 20 ff.

[123] Vgl. *Haag, P., Roßmann, P.*, Management kleiner und mittlerer Unternehmen, 2015, S. 245 ff.

[124] Vgl. *Haag, P., Roßmann, P.*, Management kleiner und mittlerer Unternehmen, 2015, S. 245.

[125] Vgl. *Schulte, T.*, Guerilla Marketing, 2007, S. 138.

[126] Vgl. *Bamberger, I., Wrona, T.*, Strategische Unternehmensführung, 2012, S. 96.

reicht werden sollen, müssen diese definiert werden.[127] Im Kontext des Guerilla-Marketings könnte zum Beispiel ein Ziel ‚Umsatzsteigerung durch das Guerilla-Marketing' lauten. Allerdings wäre dies nicht ausreichend. Im Sinne einer besseren Überwachung und Messbarkeit der Zielerreichung müssen Ziele zusätzlich konkretisiert werden. So könnte ein konkret definiertes Ziel wie folgt lauten: ‚Umsatzsteigerung um 10 Prozent innerhalb von 12 Monaten durch den Einsatz von Guerilla-Marketing'.

3. Zielgruppe festlegen

Die Eintrittswahrscheinlichkeit eines Überraschungseffekts und Guerilla-Erfolgs ist dann sehr hoch, wenn Unternehmen ihre Zielgruppen und deren Eigenschaften kennen.[128] Andernfalls besteht die Gefahr von hohen Streuverlusten. Deshalb ist es wichtig, die Zielgruppe möglichst genau einzugrenzen und festzulegen. Die hierfür benötigten Informationen können aus der Analyse von Kassenbons, Kundenkarten und persönlichen Gesprächen gewonnen werden. Erwähnenswert ist, dass Guerilla-Marketing-Maßnahmen sich nicht immer an die gesamte Zielgruppe eines Unternehmens richten müssen. Zum Beispiel kann es im Zuge einer geplanten Expansion sinnvoll sein, die Maßnahmen nur in der entsprechenden Region durchzuführen.[129]

4. Budget bereitstellen

Gerade in Unternehmen mit knappen finanziellen Ressourcen ist das Budget ein Faktor mit großer Tragweite. Daher ist bereits im Vorfeld eine möglichst fundierte und realistische Budgetierung vorzunehmen.[130] Dazu gehört nicht nur die Berücksichtigung von Kosten, die im direkten Zusammenhang mit einer Guerilla-Marketing-Aktion stehen, sondern beispielsweise auch Transaktionskosten oder Opportunitätskosten. Eventuell müssen im Vorfeld auch Geldstrafen einkalkuliert werden, wenn es sich bei der Maßnahme um eine Aktion am Rande der Legalität handelt.

---

[127] Vgl. *Haag, P., Roßmann, P.*, Management kleiner und mittlerer Unternehmen, 2015, S. 246.

[128] Vgl. *Patalas, T.*, Guerilla Marketing, 2006, S. 30.

[129] Vgl. *Haag, P., Roßmann, P.*, Management kleiner und mittlerer Unternehmen, 2015, S. 246.

[130] Vgl. *Haag, P., Roßmann, P.*, Management kleiner und mittlerer Unternehmen, 2015, S. 246.

5. Zwischenfazit

In vielen Unternehmen ist das Guerilla-Marketing keine einmalige Aktion, sondern ein langfristiges Konzept, das über mehrere Jahre eingesetzt wird. Um eine Aussage über den bisherigen Werbeerfolg und über einen möglichen weiteren Verlauf treffen zu können, ist ein Zwischenfazit erforderlich. Dadurch lässt sich feststellen, ob sich die eingesetzten Instrumente für die Verfolgung der zuvor definierten Ziele eignen oder ob Änderungen vorgenommen werden müssen.[131] Auch ist in diesem Zuge die Erkenntnis einer negativen Beeinflussung der Unternehmensreputation denkbar, was das unmittelbare Beenden des Guerilla-Marketing-Konzeptes erforderlich machen könnte.

6. Instrumente auswählen und ausgestalten

Die richtige Wahl der einzusetzenden Instrumente erfordert zunächst eine intensive Auseinandersetzung mit dem Guerilla-Marketing sowie mit dessen Prinzipien und Instrumenten. Nur so kann eine begründete Auswahl der Instrumente erfolgen, die sich aus dem vorliegenden Budget, aus den verfolgten Zielen und aus der definierten Zielgruppe ergeben. Nach der Wahl der Instrumente ist der weitere Verlauf als die eigentliche Herausforderung anzusehen. Es geht darum, den Inhalt im Hinblick auf Kreativität, Überraschungseffekt und Aufmerksamkeitsgenerierung auszugestalten und festzulegen, welche Maßnahmen wann, wo und wie lange durchgeführt werden sollen.[132]

7. Umsetzung realisieren

Die Durchführung der Guerilla-Marketing-Maßnahme(n) erfolgt auf Grundlage des bisher erstellten Plans.

8. Erfolg messen

Nach Beenden des durchgeführten Konzeptes wird eine Erfolgsmessung vorgenommen, die gleichzeitig als Grundlage für die Planung zukünftiger Aktionen dient.[133] Während die Kosten für das Guerilla-Marketing einen vergleichsweise leicht zu bestimmenden Faktor darstellen, ist der Nutzen schwierig zu erfassen. Im Falle von innovativen Kommunikationsmaßnahmen trifft dies in noch stärke-

---

[131] Vgl. *Haag, P., Roßmann, P.*, Management kleiner und mittlerer Unternehmen, 2015, S. 247.

[132] Vgl. *Haag, P., Roßmann, P.*, Management kleiner und mittlerer Unternehmen, 2015, S. 247.

[133] Vgl. *Haag, P., Roßmann, P.*, Management kleiner und mittlerer Unternehmen, 2015, S. 248.

rem Maße zu.[134] Grundsätzlich ist von einem Werbeerfolg dann zu sprechen, wenn beispielsweise messbare ökonomische Größen wie Absatz und Umsatz nachweislich gestiegen sind.[135] Jedoch sollte der Erfolg einer Maßnahme nicht lediglich aufgrund monetärer Größen bemessen werden, da emotional-aktivierende Aktionen (zum Beispiel Ambient-Marketing-Maßnahmen) anhand ökonomischer Kenngrößen nicht bemessen und interpretiert werden können.[136] Daher müssen im Rahmen der Werbeeffizienzmessungen auch kognitive, affektive und behaviorale Output-Größen berücksichtigt werden. So gibt zum Beispiel ein sogenannter Recall-Test Aufschluss darüber, ob sich Rezipienten an eine Werbemaßnahme oder Marke erinnern. Das Ergebnis eines solchen Tests stellt eine kognitive Größe dar. Im Zuge von affektiven Kriterien kann untersucht werden, inwieweit sich das Image beziehungsweise die Reputation eines Unternehmens verändert hat. Behaviorale Maße beschreiben, ob sich durch die Maßnahmen bei Konsumenten eine Kaufabsicht eingestellt hat oder bereits ein Kauf getätigt wurde.[137]

4.3 Chancen des Guerilla-Marketings

Im Folgenden werden Chancen ausgearbeitet, die sich durch den Einsatz des Guerilla-Marketings für Start-ups und KMU ergeben. Dabei handelt es sich um eine Auswahl ohne Anspruch auf Vollständigkeit.

Hohe Effizienz

Der Aspekt der hohen Effizienz leitet sich aus dem Grundgedanken des Guerilla-Marketings ab. Es handelt sich dabei um das Zusammenspiel von geringen Kosten im Verhältnis zu anderen Werbeformen und einer hohen Werbewirkung im Erfolgsfall.[138] Ungeachtet dessen, dass dies grundsätzlich eine Möglichkeit für alle Unternehmen darstellt, zeichnet sich dies insbesondere für Unternehmen in der Gründung (zum Beispiel Start-ups) als Chance ab. Die Gründungsphase ist eine kostenintensive Periode, in denen Gründungskosten, Investitionsausgaben und

---

[134] Vgl. *Hutter, K., Hoffmann, S.,* Professionelles Guerilla-Marketing, 2013, S. 143.

[135] Vgl. *Hutter, K., Hoffmann, S.,* Professionelles Guerilla-Marketing, 2013, S. 146.

[136] Vgl. *Haag, P., Roßmann, P.,* Management kleiner und mittlerer Unternehmen, 2015, S. 248; *Hutter, K., Hoffmann, S.,* Professionelles Guerilla-Marketing, 2013, S. 143.

[137] Vgl. *Hutter, K., Hoffmann, S.,* Professionelles Guerilla-Marketing, 2013, S. 146 f.

[138] Vgl. *Krieger, K. H.,* Guerilla Marketing, 2012, S. 216.

viele weitere Kosten anfallen. Wenn in diesem Zuge für Werbemaßnahmen nur ein geringes Budget verbleibt, bietet das Guerilla-Marketing dennoch die Möglichkeit, Aktionen mit einer überlegenen Effizienz gegenüber anderen Werbemethoden durchzuführen.[139] Deshalb wird das Guerilla-Marketing häufig als Low-Budget-Marketing oder als Gründungs- beziehungsweise Wachstumsmarketing verstanden.[140] Weiterhin ist durch die bestmögliche Verwendung von Mitteln die Allokation von finanziellen Ressourcen als positiver Nebeneffekt zu nennen.

Glaubwürdigkeit

Wie in Abschnitt 2.3 ausgeführt, handelt es sich bei Guerilla-Marketing-Aktionen um Below-the-line-Maßnahmen. Da die Maßnahmen nicht als offensichtliche Werbung in Erscheinung treten, werden sie auch nicht als störend empfunden.[141] Infolgedessen sind Rezipienten eher bereit ihnen Beachtung zu schenken und nehmen die überraschenden und unterhaltenden Inhalte als positives Erlebnis wahr. Die Folge ist ein authentischer Werbekontakt und eine hohe Glaubwürdigkeit des Unternehmens. Dadurch ergibt sich für Unternehmen die Möglichkeit, die Werbebotschaft in den Köpfen der Kunden zu verankern[142] und die Zielgruppe im Zuge von aufsehenerregenden Aktionen für eine Marke oder ein Produkt zu begeistern.[143]

Weiterhin ist anzuführen, dass die hohe Glaubwürdigkeit ein bedeutender Faktor ist, um der Reaktanz entgegenzuwirken, die in der Problemstellung der Arbeit erwähnt wurde. Durch Werbung, die nicht als solche wahrgenommen wird, ist es möglich, sich als Unternehmen von der gegenwärtigen Informations- beziehungsweise Werbeflut abzugrenzen und aus der Masse herauszustechen.[144]

Aufmerksamkeit und Reichweite

Im Falle einer erfolgreichen Guerilla-Marketing-Kampagne kann im Gegensatz zur konventionellen Werbung eine exponentielle Erhöhung der Aufmerksamkeit und

---

[139] Vgl. *Zerr, K.*, Guerilla-Marketing, 2005, S. 469.

[140] Vgl. *Hutter, K., Hoffmann, S.*, Professionelles Guerilla-Marketing, 2013, S. 37; *Rößl, D. et al.*, Entrepreneurial Marketing, 2009, S. 19.

[141] Vgl. *Schulte, T., Pradel, M.*, Guerilla Marketing, 2006, S. 78.

[142] Vgl. *Hutter, K., Hoffmann, S.*, Professionelles Guerilla-Marketing, 2013, S. 26.

[143] Vgl. *Czech C.*, Guerilla-Marketing, 2011, S. 34.

[144] Vgl. *Zerr, K.*, Guerilla-Marketing, 2005, S. 465.

Reichweite erreicht werden.[145] Die Generierung der Aufmerksamkeit ist auf den unkonventionellen Charakter des Guerilla-Marketings zurückzuführen. Durch überraschende, sensationelle oder emotionale Werbeinhalte wird eine hohe Aktivierung der Informationsempfänger und somit eine hohe Aufmerksamkeit gewährleistet.[146] Schulte bezeichnet das Guerilla-Marketing als „die Kunst, den von Werbung übersättigten Konsumenten, größtmögliche Aufmerksamkeit durch unkonventionelles bzw. originelles Marketing zu entlocken."[147]

Eine hohe Reichweite wird dadurch erzielt, dass Konsumenten und Medien zur freiwilligen und kostenlosen Weiterverbreitung bereit sind. Dies gelingt allerdings nur dann, wenn die Inhalte der Werbebotschaft als andersartig, neuartig und berichtenswert empfunden werden. Im Kontext der Reichweite ist auf die Bedeutsamkeit des Internets beziehungsweise von Social Media-Plattformen einzugehen. Zum einen handelt es sich dabei um ein zeitgemäßes Kommunikationsinstrument, dessen Einsatz durch Unternehmen von Kunden erwartet wird. Zum anderen kann dadurch eine rasante und virusartige Verbreitung erzielt werden,[148] die Unternehmen binnen kurzer Zeit zu einer weltweiten Bekanntheit verhelfen kann.[149]

Zielgruppenansprache

Die zielgruppenorientierte Entwicklung von Werbeinhalten und eine Möglichkeit der direkten Ansprache von Kunden sind wesentliche Merkmale des Guerilla-Marketings. Wie bereits im vorigen Abschnitt beschrieben wurde, setzt dies eine möglichst detaillierte Analyse und Eingrenzung der Zielgruppe voraus. Danach kann durch die präzise Platzierung der Werbebotschaft im unmittelbaren Lebensumfeld eine hohe Kontaktqualität und eine effiziente Zielgruppenansprache erreicht werden.[150] Dadurch bleiben auch die Streuverluste gering, was als Vorteil zu werten ist. In diesem Zusammenhang bemerkt Levinson, dass die Auswahl von richtigen Informationen für die richtigen Kunden mehr wert ist als beispielsweise

---

[145] Vgl. *Zerr, K.,* Guerilla-Marketing, 2005, S. 469.

[146] Vgl. *Zerr, K.,* Guerilla-Marketing, 2005, S. 470.

[147] *Schulte, T.,* Guerilla Marketing, 2007, S. 11.

[148] Vgl. *Hilker, C.,* Content Marketing, 2017, S. 192.

[149] Vgl. *Förster, A., Kreuz, P.,* Marketing-Trends, 2006, S. 36.

[150] Vgl. *Krieger, K. H.,* Guerilla Marketing, 2012, S. 216.

die Wirkung von Werbegeschenken.[151] Konsumenten wollen überzeugt werden und können dann als Kunden gewonnen werden, wenn sie dem Unternehmen Glauben schenken, der bessere Anbieter zu sein.[152]

Image und Markenkult

Durch die originellen und außergewöhnlichen Inhalte von Guerilla-Maßnahmen, die auf Rezipienten meist frech und dynamisch wirken, ist es möglich, ein positives Unternehmensimage aufzubauen beziehungsweise ein bestehendes Image zu verbessern.[153] Darüber hinaus sind der Aufbau einer großen Anhängerschaft und die Schaffung eines Markenkults denkbar. Die Praxis zeigt, dass ein solcher Kult rund um ein Produkt oder eine Marke sich nachhaltig positiv auf die Unternehmensentwicklung auswirkt. Nicht selten sind in solchen Fällen die Kunden bereit, regelmäßig veröffentlichte Produktmodifikationen zu erwerben, auch wenn diese nur geringfügige Verbesserungen bieten.

Aufbau einer Online-Community

Zu Beginn des dritten Kapitels wurde auf die gegenwärtige Präsenz und Bedeutung des Internets, insbesondere von sozialen Medien, hingewiesen. Die Beispiele aus der Praxis zeigen, dass das Internet im Hinblick auf die Reichweite und Diffusion von Guerilla-Maßnahmen eine gewichtige Rolle spielt. Aus diesem Grund erscheint eine Unterteilung in Online- und Offline-Instrumente, wie sie beispielsweise Krieger oder Schulte und Pradel vornehmen, nicht sinnvoll.

Erfolgreiche Guerilla-Kampagnen führen dazu, dass Unternehmen im Internet Fans, Anhänger und ‚Follower' für sich gewinnen. Der Aufbau einer solchen Online-Community beziehungsweise Internet-Fangemeinschaft bietet eine Vielzahl von Vorteilen. So kann ein Teil der Bereiche Unternehmenskommunikation, Kundenbetreuung oder Beschwerdemanagement in das Internet verlagert werden, wodurch die Kundenbindung gestärkt wird und die Kontakt-Kosten gesenkt werden. Darüber hinaus können Produkte und Dienstleistungen beworben und die Werbebotschaften unmittelbar an die Zielgruppe adressiert werden, wodurch Umsatz und Absatz gesteigert werden können. Ferner ist es denkbar, dass durch

---

[151] Vgl. *Levinson, J. C.*, Guerrilla Marketing During Tough Times, 2006, S. 113.

[152] Vgl. *Levinson, J. C., Burkow, S.*, Guerrilla Profits, 2008, S. 90.

[153] Vgl. *Hutter, K., Hoffmann, S.*, Professionelles Guerilla-Marketing, 2013, S. 56; *Krieger, K. H.*, Guerilla Marketing, 2012, S. 216.

einen direkten Austausch mit Kunden Produkte und Dienstleistungen verbessert und Innovationen gefördert werden können.

4.4 Risiken des Guerilla-Marketings

Wie im vorigen Abschnitt ausgeführt, bietet das Guerilla-Marketing viele Chancen. Es ist allerdings zu beachten, dass den beschriebenen Chancen auch Risiken gegenüberstehen. Diese können finanzielle sowie auch nicht-monetäre Effekte auf das durchführende Unternehmen haben. Ohne Anspruch auf Vollständigkeit erfolgt im Anschluss eine Darstellung von ausgewählten Risiken.

Rechtliche Risiken

Das Guerilla-Marketing birgt große rechtliche Risiken. Maßnahmen, die auf dem Trittbrettfahrerprinzip basieren, sind hiervon im besonderen Maße betroffen. Dies liegt darin begründet, dass Moskito- und Ambush-Marketing-Aktionen darauf abzielen, von den Marktaktivitäten der Konkurrenz zu profitieren, dadurch kostenlos Aufmerksamkeit zu erlangen und im gleichen Zuge die Wettbewerber gezielt zu schwächen. Dabei wird häufig nicht berücksichtigt, dass unter Umständen Verstöße gegen Urheberrecht, Markenrecht oder Wettbewerbsrecht begangen werden.[154] Im Falle von Unterlassungs- und Schadensersatzansprüchen seitens der Konkurrenz kann ein entsprechender Rechtsstreit kostenintensiv werden. Deshalb stellt dies vor allem für Unternehmen mit knappen finanziellen Ressourcen eine Gefahr dar. Aus diesem Grund ist vor dem Start einer Guerilla-Kampagne zu prüfen, ob Rechte verletzt werden könnten.[155]

Bezüglich der rechtlichen Risiken sind die Autoren Kuchar und Herbert der Auffassung, dass das Durchbrechen rechtlicher Grenzen sinnvoll sein kann, wenn zu erwarten ist, dass die Mehreinnahmen im Vergleich zu den potentiellen Strafen größer ausfallen werden.[156] Auch wenn dieser gedankliche Ansatz nachvollziehbar ist, muss widersprochen werden. Weder Einnahmen noch Anwaltskosten, Gerichtskosten oder Gerichtsurteile können im Vorfeld so genau abgeschätzt werden, dass sie für eine fundierte Kalkulation herangezogen werden können. Somit mag es eine mögliche Vorgehensweise für Großunternehmen sein, Gesetzesüber-

---

[154] Vgl. *Hutter, K., Hoffmann, S.,* Professionelles Guerilla-Marketing, 2013, S. 55.

[155] Vgl. *Patalas, T.,* Guerilla Marketing, 2006, S. 68.

[156] Vgl. *Kuchar, A., Herbert, S.,* Guerilla Werbung, 2010, S. 72.

tretungen und deren Konsequenzen in Kauf zu nehmen, nicht jedoch für Start-ups und KMU mit begrenzten finanziellen Mitteln.

Ethische und moralische Grenzen

Unkonventionelle Botschaften, Überraschungsmomente und Regel- und Tabubrüche sind Mittel, die das Guerilla-Marketing beschreiben. Mit ihnen lässt sich eine große Aufmerksamkeit und Reichweite generieren. Beim Versuch, entsprechende Werbemaßnahmen zu gestalten, greifen Unternehmen oft auf Werbeinhalte zurück, die auf den Konsumenten schockierend, anzüglich, geschmacklos oder irreführend wirken können. Werden dabei ethische beziehungsweise moralische Grenzen überschritten, kann es zu einer Verärgerung der Öffentlichkeit[157] und zu einer Ablehnungshaltung von Kunden kommen.[158] In der Konsequenz können durch negative Presseberichte und durch eine negative Mund-zu-Mund-Propaganda unter Konsumenten erhebliche Imageschäden und Umsatzverluste entstehen.[159] Deshalb ist es von Bedeutung, die Zielgruppe möglichst umfassend zu analysieren und ihre Grenzen kennenzulernen.[160]

Weiterhin ist darauf hinzuweisen, dass auch ohne die oben genannten Werbeinhalte eine Überschreitung von Grenzen möglich ist, so zum Beispiel im Zuge des Buzz-Marketings. Dabei setzen Unternehmen Buzz-Agenten ein, die ihre persönlichen Beziehungen und ihre Reichweite dazu nutzen, Produkte und Dienstleistungen in Form von Empfehlungen zu bewerben. Für die eigentlichen Konsumenten ist ein werblicher Hintergrund nicht erkennbar. Wird aufgedeckt, dass das Engagement der Agenten darauf zurückzuführen ist, dass sie im Gegenzug eine Vergütung erhalten, könnte dies dazu führen, dass sich Kunden getäuscht fühlen.[161] Ein Verlust des Vertrauens der Kunden und der Glaubwürdigkeit des Unternehmens sind die Folge.[162]

---

[157] Vgl. *Zerr, K.*, Guerilla-Marketing, 2005, S. 471.

[158] Vgl. *Krieger, K. H.*, Guerilla Marketing, 2012, S. 216.

[159] Vgl. *Hutter, K., Hoffmann, S.*, Professionelles Guerilla-Marketing, 2013, S. 56 f.; *Krieger, K. H.*, Guerilla Marketing, 2012, S. 216; *Zerr, K.*, Guerilla-Marketing, 2005, S. 472.

[160] Vgl. *Wochlik, K.*, Guerilla Marketing, 2013, S. 182.

[161] Vgl. *Hutter, K., Hoffmann, S.*, Professionelles Guerilla-Marketing, 2013, S. 55.

[162] Vgl. *Krieger, K. H.*, Guerilla Marketing, 2012, S. 216.

Mangelnde Steuerbarkeit

Das Guerilla-Marketing setzt auf eine eigendynamische Verbreitung der Werbebotschaft. Eine öffentliche Diskussion, die damit einmal angestoßen wird, ist später nur noch schwer zu beeinflussen. Infolgedessen stellt die eingeschränkte Steuerbarkeit eines der größten Risiken dar.[163] Die Praxis zeigt, dass dies insbesondere im Rahmen des Viral-Marketings eine latente Gefahr darstellt. Inhalte, die sich rasant und virusartig verbreiten, sind nicht mehr unter Kontrolle zu bekommen.[164] Während dies im Fall von positiven Reaktionen erstrebenswert ist, hat eine unerwünschte Wirkung meist einen sogenannten ‚Shitstorm' zur Folge. Es handelt sich dabei um das lawinenartige Auftreten negativer Kritik gegen eine Person oder ein Unternehmen in sozialen Medien und stellt eine gewichtige Bedrohung für die Reputation und das Image des Unternehmens dar.

Falsche Botschaft

Guerilla-Marketing-Aktionen werden von Rezipienten meist als frisch, frech, dynamisch, kreativ etc. wahrgenommen. Wie bereits im vorigen Abschnitt diskutiert, kann dies zu einem positiven Unternehmensimage beitragen. Jedoch muss festgehalten werden, dass ein freches oder dynamisches Imageprofil nicht für jedes Unternehmen geeignet ist.[165] So ist es denkbar, dass das Guerilla-Marketing keine ideale Werbemethode für Finanzinstitute darstellt, weil von ihnen historisch bedingt Konservativität und Seriosität erwartet wird. Gepaart mit dem Vorhandensein einer eher älteren Klientel könnte eine Guerilla-Maßnahme das Aussenden einer falschen Botschaft bedeuten und zur Ablehnung auf Kundenseite führen.[166]

Eine Botschaft kann auch dann als falsch oder sogar irreführend verstanden werden, wenn beispielweise eine Guerilla-Kampagne aufgrund ihrer dynamischen Inhalte maßgeblich zur Akquisition von jungen Neukunden beiträgt und die Kunden danach feststellen, dass das Unternehmen nicht den vermittelten Eigenschaften entspricht. Eine hohe Kundenunzufriedenheit und Kundenfluktuation sind die Folge, und die Kosten der Werbemaßnahme müssten als Fehlinvestition verbucht werden.

---

[163] Vgl. *Zerr, K.,* Guerilla-Marketing, 2005, S. 472.

[164] Vgl. *Langner, S.,* Viral Marketing, 2005, S. 59.

[165] Vgl. *Hutter, K., Hoffmann, S.,* Professionelles Guerilla-Marketing, 2013, S. 56.

[166] Vgl. *Krieger, K. H.,* Guerilla Marketing, 2012, S. 216.

Abnutzung

Das Überraschen von Rezipienten und die Generierung von Aufmerksamkeit gelingen durch die Originalität und Neuartigkeit von Werbeinhalten. Hingegen kann ein Werbeeffekt ausbleiben, wenn Guerilla-Aktionen lediglich kopiert oder nachgeahmt werden. Für noch unbekannte Start-ups und KMU ergibt sich in diesem Zusammenhang das Risiko, als Me-Too-Unternehmen (abgeleitet von Me-Too-Produkt)[167] wahrgenommen zu werden und somit eine Abwertung ihres Unternehmensimages zu erfahren.

Einer besonderen Achtsamkeit bedarf es auch dann, wenn das Guerilla-Marketing als langfristiges Konzept umgesetzt wird. Eine ständige Wiederholung der gleichen Maßnahme führt, auch wenn es sich um eine eigene Idee handelt, zu Abnutzung (Wear-out-Effekt), Langeweile bei Zielpersonen und Reaktanz. Deshalb ist von Replikationen Abstand zu nehmen, ungeachtet des Erfolges entsprechender Aktionen in der Vergangenheit.[168]

Vampir-Effekt

Abschließend ist als mögliches Risiko der sogenannte Vampir-Effekt anzuführen. Der Effekt beschreibt den ungewollten Umstand des Aufmerksamkeitsverlustes des eigentlich beworbenen Produktes oder der Dienstleistung. Bemerkenswert daran ist, dass eine Guerilla-Aktion trotz erfolgreicher Umsetzung zur Folge haben kann, dass Rezipienten ihre positive Wahrnehmung allein auf die Aktion beziehen und nicht auf die Marke oder das Unternehmen übertragen.[169]

Ein prominentes Beispiel hierfür ist das Computerspiel ‚Moorhuhn' aus dem Jahre 1999. Das Spiel konnte im Internet kostenlos heruntergeladen werden und erlangte innerhalb kurzer Zeit eine weltweite Bekanntheit und Beliebtheit. Dies lag nicht zuletzt daran, dass etliche Medien darüber berichteten. Entscheidend war jedoch, dass das Spiel kaum mit dem Whiskey-Hersteller ‚Johnnie Walker', der das Spiel für Werbezwecke entwickelt hatte, in Verbindung gebracht wurde. Eine Studie der Universität Mannheim ergab, dass das Spiel keine Auswirkung auf die Markenbekanntheit und die Kaufabsicht von Konsumenten hatte.[170]

---

[167] Vgl. *Markgraf, D.,* Mee-Too-Produkt, o. J., o. S.

[168] Vgl. *Huber et al.,* Guerilla-Marketing, 2009, S. 6; *Zerr, K.,* Guerilla-Marketing, 2005, S. 472.

[169] Vgl. *Hutter, K., Hoffmann, S.,* Professionelles Guerilla-Marketing, 2013, S. 57.

[170] Vgl. *Hachen, N.,* Virales Marketing, 2008, o. S.

5 Fazit und Ausblick

„Das rechtzeitige Erkennen und Bewältigen von Marktveränderungen gehört zu jenen unternehmerischen Aufgaben, die dem Marketing als Unternehmensfunktion zugeordnet werden."[171] So war es in den 1960er-Jahren der Beginn des Wandels von Verkäufermärkten zu Käufermärkten, der Unternehmen vor große Herausforderungen stellte und die Kommunikationspolitik zu einer zentralen Rolle im Marketing-Mix machte.[172] Die gegenwärtige Marktveränderung zeigt sich darin, dass der klassische Produktwettbewerb zunehmend um einen intensiven Kommunikationswettbewerb ergänzt wird.[173] Dies bedeutet für Unternehmen, dass es möglicherweise nicht mehr ausreicht, sich lediglich über innovative Produkte und Dienstleistungen von den Wettbewerbern abzugrenzen. Darüber hinaus muss eine effektive und effiziente Kommunikationsarbeit geleistet werden, um die Aufmerksamkeit von Konsumenten zu erregen. Dies kann im Zuge einer strategisch entwickelten und erfolgreich durchgeführten Guerilla-Marketing-Kampagne gelingen. Durch den unkonventionellen Charakter des Guerilla-Marketings ist es möglich, der in der Problemstellung erwähnten Reaktanz entgegenzuwirken und somit eine überdurchschnittlich hohe Aufmerksamkeit zu erlangen.

Zwar kann das Guerilla-Marketing in allen Unternehmen eingesetzt werden, jedoch zeigt die vorliegende Arbeit, dass insbesondere Start-ups und KMU von seiner Verwendung profitieren können. Aufgrund ihrer schlanken Strukturen sowie ihrer Flexibilität und Dynamik können sie Guerilla-Aktionen leichter umsetzen. Ferner stellt das Guerilla-Marketing vor allem für Start-ups und KMU mit begrenzten Ressourcen eine effiziente Möglichkeit der Kommunikation dar. Die Umsetzung einer Guerilla-Maßnahme unter Einsatz geringer finanzieller Mittel kann im Erfolgsfall einen sehr hohen Werbeeffekt nach sich ziehen (= Guerilla-Effekt). Weiterhin sprechen Faktoren wie die direkte Zielgruppenansprache, die gleichzeitige Minimierung von Streuverlusten sowie die Möglichkeit eines Imageaufbaus beziehungsweise der Imagepflege für den Einsatz des Guerilla-Marketings.

Neben dieser grundsätzlich positiven Bewertung dürfen die Risiken nicht vernachlässigt werden. So wie Start-ups und KMU von den Chancen und Möglichkei-

---

[171] *Bruhn, M.*, Marketing, 2016, S. 13.

[172] Vgl. *Bruhn, M.*, Marketing, 2016, S. 16.

[173] Vgl. *Bruhn, M.*, Kommunikationspolitik, 2009, S. 5.

ten des Guerilla-Marketings überdurchschnittlich profitieren können, stellen auch die Risiken für sie eine verhältnismäßig große Bedrohung dar. Bußgelder oder sehr hohe Schadensersatzforderungen sind mögliche Konsequenzen von Guerilla-Aktionen und können eine erhebliche Beeinträchtigung der finanziellen Situation des Unternehmens bedeuten. Allerdings beschränken sich die Risiken nicht nur auf monetäre Aspekte. So können missglückte Werbebotschaften bei Rezipienten zu einer starken Antipathie und folglich zu Image- und Reputationsschäden führen. Daher gilt, dass die Risiken vor dem Start einer Guerilla-Kampagne möglichst detailliert analysiert werden müssen. Die intensive Auseinandersetzung mit dem Guerilla-Marketing und mit dessen Prinzipien und Instrumenten sowie die Ausarbeitung einer klaren Guerilla-Strategie sind Grundvoraussetzungen, um die Chancen bestmöglich auszuschöpfen und die Risiken zu minimieren oder zu vermeiden.

Schlussendlich kann aus dieser Thesis folgendes Forschungsergebnis abgeleitet werden: Das Guerilla-Marketing ist keine Panazee. Es kann weder bei einem mangelhaften Geschäftskonzept helfen noch ist es ein Garant für den Unternehmenserfolg. Jedoch kann es, wenn es strategisch eingesetzt und authentisch umgesetzt wird, Start-ups und KMU eine große Hilfe sein. Mögliche Ergebnisse sind im Einzelnen: Der Gewinn erster Aufmerksamkeit durch ein aufsehenerregendes (Werbe-)Ereignis, der Eintritt in den Markt und eine zügige Etablierung innerhalb der Wunschzielgruppe sowie das Bekanntwerden des Unternehmens, der Marke und der Produkte. Damit erhalten kleine und junge Unternehmen eine realistische Chance im Kampf gegen die (übermächtige) Konkurrenz.

Ein Blick in die Zukunft lässt folgenden Gedankengang zu: Wie bereits in der Problemstellung geschildert wurde, beschreibt Bruhn die zunehmende Internationalisierung als eine große Herausforderung für Unternehmen. Eine Erleichterung des Zugangs zu deutschen beziehungsweise europäischen Märkten von außen brächte eine Erhöhung der Anzahl von Marktteilnehmern und somit eine weitere Verschärfung des Wettbewerbs mit sich. In diesem Kontext kann als Beispiel die Transatlantische Handels- und Investitionspartnerschaft (TTIP) genannt werden. Bei den 2013 begonnenen TTIP-Verhandlungen geht es um die Abschaffung von Zöllen und anderen Handelsbarrieren zwischen der Europäischen Union und den Vereinigten Staaten von Amerika. Das primäre Ziel ist die stärkere Öffnung der Märkte auf beiden Seiten. Die Verhandlungen ruhen seit Januar 2017.[174] Sollten die Verhandlungen wieder aufgenommen werden beziehungsweise die Partnerschaft zustande kommen, bedeutet dies für die Märkte einen grundsätzlichen Zuwachs von Teilnehmern und für Unternehmen eine größere Anzahl von Konkurrenten. Insbesondere für kleine Unternehmen könnte dies eine Gefährdung der Zukunftsfähigkeit bedeuten, was auch einen der wesentlichen Kritikpunkte zum Thema TTIP ausmacht.[175] Angesichts solcher Entwicklungen kann eine erfolgreiche Guerilla-Marketing-Kampagne bei der Etablierung und eindeutigen Positionierung im Markt unterstützen, sodass zusätzliche Wettbewerber schwerer einen negativen Effekt auf das Unternehmen haben können. Ferner darf nicht vernachlässigt werden, dass eine Öffnung des US-amerikanischen Marktes auch eine große Chance für Unternehmen bedeutet. Bei einer geplanten Expansion könnte das Guerilla-Marketing einen bedeutenden Bestandteil der Markteintrittsstrategie ausmachen und bei der Erschließung des neuen Marktes unterstützend wirken. Deshalb ist Start-ups und KMU anzuraten, sich frühzeitig mit moderner Marketingkommunikation (zum Beispiel mit Guerilla-Marketing) auseinanderzusetzen und die gewonnenen Erkenntnisse in die Kommunikationsstrategie einfließen zu lassen, um bereits heute auf künftige Marktveränderungen vorbereitet zu sein.

---

[174] *Bundesministerium für Wirtschaft und Energie*, TTIP, o. J., o. S.
[175] *Dreher, C., Schwäbe, C.*, TTIP, 2016, S. 364; *Frenkel, M., Langhammer, R. J.*, TTIP, 2015, S. 373.

Literaturverzeichnis

Bamberger, Ingolf, Wrona, Thomas (Strategische Unternehmensführung, 2012): Strategische Unternehmensführung: Strategien, Systeme, Methoden, Prozesse, 2. Aufl., München: Franz Vahlen, 2012

Bruhn, Manfred (Kommunikationspolitik, 2009): Kommunikationspolitik: Systematischer Einsatz der Kommunikation für Unternehmen, 5. Aufl., München: Franz Vahlen, 2009

Bruhn, Manfred (Marketing, 2016): Marketing: Grundlagen für Studium und Praxis, 13. Aufl., Wiesbaden: Springer Gabler, 2016

Bryce, Michael (Viral Marketing, 2005): Viral Marketing: Potential and Pitfalls, Saarbrücken: VDM Verlag Dr. Müller e. K., 2005

Czech, Christian (Guerilla-Marketing, 2011): Guerilla-Marketing: Wider die Werbe-Aversion, Marburg: Tectum Verlag, 2011

Dreher, Carsten, Schwäbe, Carsten (TTIP, 2016): Gefährdet TTIP die ökonomische Zukunftsfähigkeit? Eine Analyse aus Sicht der evolutorischen Innovationsökonomik, in: Wirtschaftsdienst, 2016, Nr. 5, S. 364-371

Eschenbach, Florian (Ambush-Marketing, 2011): Erfolgsfaktoren des Ambush-Marketing: Eine theoretische und empirische Analyse am Beispiel der Fußball-Europameisterschaft 2008, Wiesbaden: Gabler Verlag, 2011 (Dissertation Universität Tübingen, 2010)

Förster, Anja, Kreuz, Peter (Marketing-Trends, 2006): Marketing-Trends: Innovative Konzepte für Ihren Markterfolg, 2. Aufl., Wiesbaden: Gabler Verlag, 2006

Frenkel, Michael, Langhammer, Rolf Johannes (TTIP, 2015): Die Transatlantische Handels- und Investitionspartnerschaft TTIP: Eine Diskussion möglicher Effekte und wirtschaftspolitischer Implikationen, in: Wirtschaftspolitische Blätter, 2015, Nr. 2, S. 365-375

Guevara, Ernesto (Guerrilla Warfare, 1961): Guerrilla Warfare, New York: Monthly Review Press, 1961

Haag, Patrick, Roßmann, Patrick (Hrsg.) (Management kleiner und mittlerer Unternehmen, 2015): Management kleiner und mittlerer Unternehmen: Strategische Aspekte, operative Umsetzung und Best Practice, Berlin: Walter de Gruyter, 2015

Hahn, Christopher (Start-up-Unternehmen, 2014): Finanzierung und Besteuerung von Start-up-Unternehmen: Praxisbuch für erfolgreiche Gründer, Wiesbaden: Springer Gabler, 2014

Hilker, Claudia (Content Marketing, 2017): Content Marketing in der Praxis: Ein Leitfaden – Strategie, Konzepte und Praxisbeispiele für B2B- und B2C-Unternehmen, Wiesbaden: Springer Gabler, 2017

Holland, Heinrich (Die neuen Werbeformen, 2007): Die neuen Werbeformen: Guerilla, Viral, Podcasting, Blogs, Mobile, in: Direkt Marketing, 2007, Nr. 3, S. 18

Huber, Frank, Meyer, Frederik, Nachtigall, Corinna (Guerilla-Marketing, 2009): Guerilla-Marketing als kreative Werbeform: Eine empirische Analyse am Beispiel der Marke MINI, Lohmar: Josef Eul Verlag, 2009

Hutter, Katharina, Hoffmann, Stefan (Guerilla-Marketing, 2013): Professionelles Guerilla-Marketing: Grundlagen - Instrumente - Controlling, Wiesbaden: Springer Gabler, 2013

Kleimeier, Peter (Verkaufserfolg für KMU): Verkaufserfolg für KMU: Mit pragmatischen und effizienten Lösungen zu besseren Vertriebsergebnissen, Wiesbaden: Springer Gabler, 2017

Kochhan, Christoph, Reiter, Annkathrin, Schunk, Holger (Ambient-Marketing, 2017): Ambient-Marketing für Printmedien: Interviewstudie zu Akzeptanz und Bewertung in den Generationen Y, X und 50plus, Wiesbaden: Springer Gabler, 2017

Kreutzer, Ralf Thomas (Praxisorientiertes Marketing, 2006): Praxisorientiertes Marketing: Grundlagen – Instrumente – Fallbeispiele, Wiesbaden: Verlag Dr. Th. Gabler, 2006

Krieger, Kai Harald (Guerilla Marketing, 2012): Guerilla Marketing: Alternative Werbeformen als Techniken der Produktinszenierung, Wiesbaden: Springer Gabler, 2012 (Dissertation EBS Universität Wiesbaden, 2012)

Kroeber-Riel, Werner, Esch, Franz-Rudolf (Strategie und Technik der Werbung, 2004): Strategie und Technik der Werbung: Verhaltenswissenschaftliche Ansätze, 6. Aufl., Stuttgart: Kohlhammer, 2004

Kuchar, Annika, Herbert, Stefan (Guerilla Werbung, 2010): Guerilla Werbung - Kein weißer Fleck mehr in der Werbelandschaft, Illmenau: Universitätsverlag, 2010

Langner, Sascha (Viral Marketing, 2005): Viral Marketing: Wie Sie Mundpropaganda gezielt auslösen und Gewinn bringend nutzen, Wiesbaden: Verlag Dr. Th. Gabler, 2005

Levinson, Jay Conrad (Guerilla Marketing des 21. Jahrhunderts, 2011): Guerilla Marketing des 21. Jahrhunderts: Clever werben mit jedem Budget, 2. Aufl., Frankfurt: Campus, 2011

Levinson, Jay Conrad (Guerilla Marketing Offensives Werben und Verkaufen, 1992): Guerilla Marketing: Offensives Werben und Verkaufen für kleinere Unternehmen, 2. Aufl., Frankfurt: Campus, 1992

Levinson, Jay Conrad (Guerrilla Facebook Marketing, 2013): Guerrilla Facebook Marketing: 25 Target Specific Weapons to Boost your Social Media Marketing, New York: Morgan James Publishing, 2013

Levinson, Jay Conrad (Guerrilla Marketing During Tough Times, 2006): Guerrilla Marketing During Tough Times, New York: Morgan James Publishing, 2006

Levinson, Jay Conrad, Burkow, Stuart (Guerrilla Profits, 2008): Guerrilla Profits: 10 Powerful Strategies to Increase Cashflow, Boost Earnings & Get More Business, New York: Morgan James Publishing, 2008

Levinson, Jay Conrad, Godin, Seth (Guerilla Marketing Handbuch, 1996): Das Guerilla Marketing Handbuch: Werbung und Verkauf von A bis Z, Frankfurt: Campus, 1996

Meffert, Heribert, Burmann, Christoph, Kirchgeorg, Manfred (Marketing, 2015): Marketing: Grundlagen marktorientierter Unternehmensführung, 12. Aufl., Wiesbaden: Springer Gabler, 2015

Nufer, Gerd, Bender, Manuel (Guerilla Marketing, 2008): Guerilla Marketing, in: *Rennhak, Carsten, Nufer, Gerd* (Hrsg.), Reutlinger Diskussionsbeiträge zu Marketing & Management, 2008, Nr. 5, Reutlingen: Hochschulverlag, 2008

Nufer, Gerd, Bühler, André (Ambush Marketing, 2014): Ambush Marketing im Sport – Wie Nicht-Sponsoren Sportveranstaltungen zur Markenkommunikation nutzen, in: *Preuß, Holger, Huber, Frank, Schunk, Holger, Könecke, Thomas* (Hrsg.), Marken und Sport: Aktuelle Aspekte der Markenführung im Sport und mit Sport, 2014, S. 125-142, Wiesbaden: Springer Gabler, 2014

Patalas, Thomas (Guerilla Marketing, 2006): Guerilla Marketing – Ideen schlagen Budget, Berlin: Cornelsen, 2006

Puttenat, Daniela (Praxishandbuch Presse- und Öffentlichkeitsarbeit, 2007): Praxishandbuch Presse- und Öffentlichkeitsarbeit: Eine Einführung in professionelle PR und Unternehmenskommunikation, Wiesbaden: Verlag Dr. Th. Gabler, 2007

Reinemann, Holger (Mittelstandsmanagement, 2011): Mittelstandsmanagement: Einführung in Theorie und Praxis, Stuttgart: Schäffer-Poeschel, 2011

Reischl, Andreas (Stellenwert von Guerilla Marketing, 2009): Der Stellenwert von Guerilla Marketing im Non Profit Bereich: Eine effektive Kommunikationsstrategie im Social Marketing?, Wien: Hochschulverlag, 2009

Ries, Al, Trout, Jack (Marketing Warfare, 2005): Marketing Warfare: 20th Anniversary Edition, 2. Aufl., New York: McGraw-Hill, 2005

Risch-Kerst, Mandy (Ambush Marketing, 2016): Ambush Marketing und Markenschutz: Die Eventmarketingmarke als Abwehrmittel gegen Nicht-Sponsoren sportlicher Großereignisse, Wiesbaden: Springer Gabler, 2016 (Dissertation Technische Universität Chemnitz, 2015)

Rosen, Emanuel (Buzz, 2009): Buzz: Real Life Lessons In Word-Of-Mouth-Marketing, 2. Aufl., London: Profile Books, 2009

Rößl, Dietmar, Kraus, Sascha, Fink, Matthias, Harms, Rainer (Entrepreneurial Marketing, 2009): Entrepreneurial Marketing: Geringer Mitteleinsatz mit hoher Wirkung, in: Marketing Review St. Gallen, 2009, Nr. 1, S. 18-22

Rumelhart, David Everett (Schemata and the cognitive system, 1984): Schemata and the cognitive system, in: *Wyer, Robert S., Srull, Thomas K.* (Hrsg.), Handbook of social cognition, 1984, S. 161-188, Hillsdale: Lawrence Erlbaum, 1984

Schulte, Thorsten (Guerilla Marketing, 2007): Guerilla Marketing für Unternehmertypen: Das Kompendium, 3. Aufl., Sternenfels: Wissenschaft & Praxis, 2007

Schulte, Thorsten, Pradel, Marcus (Guerilla Marketing, 2006): Guerilla Marketing für Unternehmertypen: Auf Abwegen zum Erfolg, 2. Aufl., Sternenfels: Wissenschaft & Praxis, 2006

Tropp, Jörg (Moderne Marketing-Kommunikation, 2011): Moderne Marketing-Kommunikation: System – Prozess – Management, Wiesbaden: VS Verlag für Sozialwissenschaften, 2011

Welling, Monika (Guerilla Marketing in der Marktkommunikation, 2005): Guerilla Marketing in der Marktkommunikation: Eine Systematisierung und kritische Analyse mit Anwendungsbeispielen, Herzogenrath: Shaker Verlag, 2005

Wochlik, Karolin (Guerilla Marketing, 2013): Kreativität mit Kreativität vermarkten: Guerilla Marketing für Creative Industries, in: *Schmidt, Christopher M.* (Hrsg.), Optimierte Zielgruppenansprache: Werbende Kommunikation im Spannungsfeld von Kulturen und Stakeholder-Interessen, 2013, S. 169-196, Wiesbaden: Springer VS, 2013

Zerr, Konrad (Guerilla-Marketing, 2005): Guerilla-Marketing in der Kommunikation: Kennzeichen, Mechanismen und Gefahren, in: *Gaiser, Brigitte, Linxweiler, Richard, Brucker, Vincent* (Hrsg.), Praxisorientierte Markenführung: Neue Strategien, innovative Instrumente und aktuelle Fallstudien, 2005, S. 463-472, Wiesbaden: Springer Fachmedien, 2015

Internetquellen

Bibliographisches Institut (Trittbrettfahrer, o. J.): Trittbrettfahrer, der (keine Datumsangabe), https://www.duden.de/rechtschreibung/Trittbrettfahrer, (Zugriff 18-06-15, 20:28 MEZ)

Bundesministerium für Wirtschaft und Energie (TTIP, o. J.): Transatlantische Handels- und Investitionspartnerschaft (TTIP) (keine Datumsangabe), https://www.bmwi.de/Redaktion/DE/Dossier/ttip.html, (Zugriff 18-06-18, 15:00 MEZ)

Dittberner, Andreas (IKEA-Möbel mitten in der Pariser Métro, 2010): Tryvertising: IKEA-Möbel mitten in der Pariser Métro (2010-03-20), https://www.klonblog.com/tryvertising-ikea-mobel-mitten-in-der-pariser-metro/, (Zugriff 18-06-08, 22:05 MEZ)

Hachen, Nils (Virales Marketing, 2008): Virales Marketing: Was Web 2.0 vom Moorhuhn lernt (2008-04-15), https://www.marketing-boerse.de/Fachartikel/details/Virales-Marketing-Was-Web-20-vom-Moorhuhn-lernt/10600, (Zugriff 18-06-08, 22:06 MEZ)

Hein, David (TNT inszeniert Schießerei, 2012): In Deckung: TNT inszeniert Schießerei auf offener Straße (2012-04-13), https://www.horizont.net/medien/nachrichten/-In-Deckung-TNT-inszeniert-Schiesserei-auf-offener-Strasse-106972, (Zugriff 18-06-08, 22:07 MEZ)

IfM Bonn (Unternehmensbestand, o. J.): Unternehmensbestand (keine Datumsangabe), https://www.ifm-bonn.org/statistiken/unternehmensbestand/#accordion=0&tab=0, (Zugriff 18-06-08, 22:07 MEZ)

Lehmkuhl, Vanessa (Guerilla Markting-Strategien, 2015): Guerilla Marketing-Strategien Teil 1: Trittbrettfahrer-Strategien (2015-10-02), https://www.marketingimpott.de/blog/guerilla-marketing-strategien-teil-1-trittbrettfahrer-strategien/, (Zugriff 18-06-08, 22:07 MEZ)

Markgraf, Daniel (Mee-Too-Produkt, o. J.): Me-Too-Produkt (keine Datumsangabe), https://wirtschaftslexikon.gabler.de/definition/me-too-produkt-37699, (Zugriff 18-06-08, 22:08 MEZ)

o. V. (Weihnachts-Sensation Edeka, 2015): #heimkommen-Spot: Jung von Matt gelingt Weihnachts-Sensation für Edeka (2015-11-29), https://www.wuv.de/agenturen/jung_von_matt_gelingt_weihnachts_sensation_fuer_edeka, (Zugriff 18-06-08, 22:10 MEZ)

o. V. (100 Nackte stürmen Supermarkt, 2012): 100 Nackte stürmen Supermarkt in Nordfriesland (2012-06-16), http://www.rp-online.de/panorama/deutschland/100-nackte-stuermen-supermarkt-in-nordfriesland-aid-1.2873458, (Zugriff 18-06-08, 22:10 MEZ)

o. V. (6.000 Werbekontakte pro Tag, 2004): Mehr als 6000 Werbekontakte pro
   Tag (2004-08-16),
   http://www.handelsblatt.com/unternehmen/management/konsumenten
   -mehr-als-6-000-werbekontakte-pro-tag/2384706.html, (Zugriff 18-06-
   15, 20:11 MEZ)

o. V. (A dramatic surprise on a quiet square, 2012): A DRAMATIC SURPRISE ON
   A QUIET SQUARE (2012-04-11),
   https://www.youtube.com/watch?v=316AzLYfAzw, (Zugriff 18-06-08,
   22:13 MEZ)

o. V. (ALDI SÜD YouTube-Kanalinfo, o. J.): ALDI SÜD (keine Datumsangabe),
   https://www.youtube.com/user/ALDISUEDDE/about, (Zugriff 18-06-08,
   22:14 MEZ)

o. V. (dm-Haul Dagi Bee, 2014): DM HAUL | Dagi Bee (2014-05-08),
   https://www.youtube.com/watch?v=R0UguDo7rw0, (Zugriff 18-06-15,
   21:32 MEZ)

o. V. (EDEKA YouTube-Kanalinfo, o. J.): EDEKA (keine Datumsangabe),
   https://www.youtube.com/user/edekaonline/about, (Zugriff 18-06-08,
   22:15 MEZ)

o. V. (EDEKA Weihnachtsclip - #heimkommen, 2015): EDEKA Weihnachtsclip -
   #heimkommen (2015-11-28), https://www.youtube.com/watch?v=V6-
   0kYhqoRo, (Zugriff 18-06-08, 22:16 MEZ)

o. V. (Fleischerei Hans Wagner, 2007): abgepackte Wurst is für'n Arsch (2007-
   07-30),
   https://www.flickr.com/photos/subsilk/966475516/in/photostream/,
   (Zugriff 18-06-15, 21:29 MEZ)

o. V. (IKEA Sofa in der Pariser Metro, 2010): IKEA Werbekampagne: IKEA Sofa
   in der Pariser Metro (2010-03-10), https://de.ikea-club.org/reklamnie-
   kampanii-ikea-v-mire/divani-ikea-v-parijskom-metro.html, (Zugriff 18-
   06-08, 22:17 MEZ)

o. V. (Nackte stürmen Supermarkt, 2012): Nackte stürmen Supermarkt (2012-
   06-16), http://www.spiegel.de/panorama/nackte-stuermen-supermarkt-
   in-nordfriesland-a-839288.html, (Zugriff 18-06-08, 22:18 MEZ)

o. V. (Our Story – Clean Bottle, o. J.): Our Story (keine Datumsangabe), https://www.cleanbottle.com/pages/about-us, (Zugriff 18-06-08, 22:19 MEZ)

o. V. (Über 13.000 Werbebotschaften täglich, 2013): Über 13.000 Werbebot-schaften bombardieren uns täglich. Was bleibt? (2013-09-17), https://www.marketing-boerse.de/Fachartikel/details/1338-Ueber-13000-Werbebotschaften-bombardieren-uns-taeglich-Was-bleibt/44276, (Zugriff 18-06-15, 20:12 MEZ)

Vogl, Michaela (Was ist ein Haul, 2014): Was ist ein Haul und was bedeutet er für Marken? (Best-Practice-Beispiel) (2014-05-12), https://www.brandwatch.com/de/blog/was-ist-ein-hau-und-was-bedeutet-er-fuer-marken/, (Zugriff 18-06-08, 22:20 MEZ)